人生は凸《でこ》凹《ぼこ》だから
おもしろい

逆境を乗り越えるための「禅」の作法

枡野俊明

光文社新書

はじめに

誰にでも人生について考えることがあるでしょう。

そこでまず頭をめぐるのは、悔《く》いや苦い思いかもしれません。「あのときああしていなかったら、自分の人生はもう少し、ましなものになっていたのに……」「あそこで別の選択をしていたら、人生、もっと充実したに違いないのだが……」。その根底にあるのは、悔いや苦い思いをもたらしている経験が、人生のマイナスになっている、人生の充実を妨《さまた》げている、人生を不完全なものにしている、という考え方だと思います。

しかし、人生に完全などあるでしょうか。断じて、あり得ないのです。成功もあれば、失敗もある。うれしいこと、楽しいこともあれば、つらいこと、悲しいこともある。そんな「凸《でこ》（順境）凹《ぼこ》（逆境）」が繰り返されるのが人生ですし、それらを一切合切受けとめていくなかに、生きている実感もあるのだ、とわたしは考えています。

もっといえば、「凹」の経験、すなわち、悲しみや悔しさ、つらさや苦しさをともなう経験が、人間としての幅を広げることにつながっていく、人間として成長するうえでの糧《かて》になる、と思っています。「凹」を経験することはとても大切なことです。そして、「凹」の経験を活かすことで、人生はより豊かに、潤いや彩《いろど》りがあるものになっていくのです。


その意味でいえば、現在の日本は、いや、世界全体はきわめて深刻な「凹」の状況にあるといえるでしょう。

それをもたらしているのは、いうまでもなく、「新型コロナウイルス」のパンデミックです。事態がどのように終息していくのか、まだまだ先が見通せないというのが現状。いずれにしても、長期戦になるのは必定です。

このコロナ禍は、一義的には感染症の問題ですが、もっと大きな視点で見ると、人類に生き方や価値観など、さまざまな重要課題を問うものでもあるという気がするのです。大雑把ないい方になりますが、これまで長きにわたって、物質的に豊かになることが幸福につながる、というところに生き方の軸足が置かれていたと思います。その幸福を求めることに価値観の中心もあったといえるでしょう。

そうした生き方、価値観はたしかに〝豊かさ〟や〝幸福〟をもたらしはしました。しかし、その一方で森林伐採による地球の温暖化やそれにともなう自然災害の多発、あるいはエネルギー政策の中心となった原子力発電所の事故による環境破壊といった負の側面も現出させたのです。

それらを踏まえ、生き方や価値観を見直そうという流れは、世界規模で徐々に高まりつつあったといっていいでしょう。二〇一五年九月に開催された国連サミットでの「ＳＤＧｓ《エスディージーズ》（持続可能な開発目標）」の採択は、その代表例といっていいかもしれません。二〇三〇年の達成を掲げた一七の目標は、社会の在り様や産業構造、人と自然とのかかわり方、人と人とのかかわり方など、そのどれもがそれまでの生き方や価値観を変えることなしには達成できないものである、というのがわたしの印象です。

その流れを今回のコロナ禍が加速させるのは明らかです。「テレワーク」の導入など働き方には変化が起きていますし、「ＳＴＡＹ ＨＯＭＥ」（家にいよう）の標語のもとに暮らし方もそれまでとは違ったものになっています。現在はコロナ禍を終息させる手立てとしてですが、すでに生き方、価値観は変わってきているのです。

そして、終息後もコロナ禍以前の社会にそのまま戻ることはない、とわたしは考えています。「ビフォア・コロナ」と「アフター・コロナ」で社会は一変する。経済が大きく落ち込むことは必至ですし、そのなかで生き方も価値観も変わり、それを土台とした生活スタイル、働き方も新たなものになるでしょう、教育や医療の現場も新しい在り様を模索しなければならなくなるはずです。

変化は戸惑いや不安をもたらさずにはいません。

たとえば、在宅の時間が増えて家族が顔を合わせることが多くなれば、家族間の対話は増えていくでしょう。それは家族の絆《きずな》を深めることにつながる反面、ストレスの原因にもなっていきそうです。

それまでとは一変した家族関係のなかで、夫婦間、あるいは、親子間でどのようにコミュニケーションをとっていったらいいかわからない。家族のなかでの自分の立ち位置がなかなか見つからない……。誰もが、少なからず、そんな戸惑いや不安にさらされることになるのではないでしょうか。

コロナ禍という社会全体を覆った「凹《ぼこ》」が終息したあとも、わたしたちはしばらくの間、「凹」の環境、状況を生きなければならなくなるかもしれません。しかし、悲観する必要はどこにもありません。「凹」を試練と捉えればいいのです。試練についてはこんな言葉があります。

「神は乗り越えられない試練は与えない」

いい換えたら、これは「人は乗り越えられる試練しか与えられない」ということになります。コロナ禍は、いいえ、どんな試練だって乗り越えられるのです。そのうえで力にも、知恵にもなるのが「禅」である、とわたしは思っています。禅の考え方、ものの見方、ふるまい方には、試練をどう捉え、それをどのように考えたらよいのか、また、そのなかでどう行動していけばよいのか、といったことについて、たくさんの示唆やヒントが隠れています。

試練（苦境、難局、岐路……つまりは「凹《ぼこ》」）は怯《ひる》んだり、怖れたり、避けようとしたりせず、真っ正面から受けとめなさい、と禅は教えます。それが試練に向き合う「妙法」、すなわち、もっともすぐれた方法だとするのです。

そうすることによって、「凹」はすばらしい経験の場になり、成長の糧にもなっていきます。もっといえば、「凹」を楽しむことさえできる。もちろん、人生は「凸凹《でこぼこ》」ですから、「凹」は必ず「凸（順境）」に転じます。

その「凸」に向き合っていくのは、「凹」を乗り越えることによって、ひとまわり大きくなった自分、一皮剥《む》けた自分だといっていいでしょう。その自分を生きる充実感、心の豊かさ、喜び……はそれまでよりさらに高いレベルのものになるはずです。

本書では、さまざまな視点からあらためて禅の考え方、ものの見方、ふるまい方を見つめ直してみました。

そのなかで確信を強めたのは、どんな環境、状況にあっても、禅は生きるうえでの根本的な指針、拠《よ》り所《どころ》になるということです。

繰り返しになりますが、いまわたしたちはコロナ禍という「凹」に直面しています。まず、それを、禅の力、知恵でいっしょに乗り越えてまいりましょう。

合掌

令和二年八月吉日　徳雄山建功寺方丈にて

枡野俊明

人生は凸凹《でこぼこ》だからおもしろい　目次

第2章　日本の文化は凸凹を肯定してきた

第3章　食も、健康も、死に方も、「足る」を知る　129

第4章　人生は「凸凹」だからおもしろい　175

第1章

不完全をよしとする「禅」に学ぶ

「禅の庭」づくりは人間関係づくりに似ている

わたしはこれまで長年にわたって、たくさんの「禅の庭」のデザイン、作庭を手がけてきました。セルリアンタワー東急ホテルなどの宿泊施設、外務省やカナダ大使館といった公共施設、ニューヨーク、ベルリン、シンガポール、中国といった海外の施設まで、かなりの数にのぼります。

その作庭作業のなかでふと気づき、作業を重ねるうちに確信するようになったことがあります。「禅の庭」づくりは人間関係づくりにとても似ている、ということがそれです。

「禅の庭」はきわめてシンプルな素材で構成されます。石、白砂、植栽、水……などです。それらをどんな位置に、どのように配していくか。デザインする際にも、実際に作庭するときにも、わたしはそのことに細心の注意を払い、研《と》ぎ澄《す》ました集中力を傾けます。

たとえば、石と石の位置関係のわずかな違いが、「禅の庭」をまったく別のものにするからです。位置関係とは、いい方を換えれば「距離感」ですが、その距離感しだいで「禅の庭」の印象は決まるといっていいでしょう。

距離感が近すぎたらどうでしょう。全体の印象は窮屈なものとなります。それでは眺める人は和《なご》みや癒《い》やし、寛《くつろ》ぎといった心の解放感を感じることはありません。どこか居心地のよくない「禅の庭」になってしまうのです。

反対に石と石の距離が離れすぎていたら、景色は緊張感のないものとなって、「禅の庭」でとても重要な要素である「凛《りん》」とした空気感が大きく削《そ》がれてしまいます。その前に立っても心に清々しさ、清浄《しょうじょう》の風が吹き込んでくることはないでしょう。

もちろん、石にかぎったことではありません。植栽も水の流れも同じです。使われているすべての素材がたがいに適切な距離感をもって配されていてはじめて、眺める人は「禅の庭」から和み、癒やし、寛ぎ、清々しさ……といったものを感じとることができるのだ、とわたしは考えています。

距離感で印象が決まる。人間関係にも同じことがいえると思いませんか。

近すぎる人間関係はけっして心地よいものではないはずです。こちらの思いを忖度《そんたく》することなく、無遠慮にズカズカと心のなかに踏み込んでくるような相手とは、いい人間関係は築けないのではないでしょうか。

うっとうしさや不快感が先に立って、敬遠したくなるのがふつうでしょう。

一方、距離感がいつまでたっても縮まらない相手との人間関係は深まることがありません。心と心の触れ合いが感じられない、他人行儀な感覚から抜け出せない、打ち解けていると思えない……。常にそんな〝物足りなさ〟を引きずったつきあいに終わってしまうのではないかと思うのです。

人間関係の在り様も距離感が決めるのです。そこに気づくことが大切でしょう。仕事の場面でも、プライベートな状況でも、この時代を生きている人の悩みの大半は人間関係に原因があるといわれています。

なぜ、そうなのか。距離感への意識が薄い、違ういい方をすれば、距離感に無頓着であるということが、人間関係の悩みの根本にあるのではないか、とわたしは思っています。逆にいえば、距離感に意識を向け、それを上手に調整していくことで、人間関係の悩みの大半はなくなるということです。

人生を豊かなもの、潤いあるもの、楽しく、おもしろく、充実したものにするうえで、「いい人間関係」は不可欠です。ここでは距離感の話をしましたが、いい人間関係をつくり、育て、深めていくために、「禅の庭」について知ることはおおいに意味があります。そこに必ず、触発されるものがあると思うからです。

「禅の庭」は形式ではつくれない

「禅の庭」というと、みなさんは禅寺にある庭がすべてそうだと思っているのではないでしょうか。もちろん、「禅の庭」のある禅寺もありますが、その多くは古刹《こさつ》で、禅寺の庭であっても「禅の庭」ではないことも少なくないのです。

こんなふうにいうと、禅問答にも似て〝ややこしい〟と感じるかもしれません。説明しましょう。

「禅の庭」であるための要件は端的にいえばひとつです。作者、つまり、つくり手が禅の修行を通して、禅というもの（その考え方や教え、世界観など）を身体で会得しているというのがそれです。

「禅の庭」には一定の形式がありますから、それを知識として理解し、技法を学べば、形式に則った庭、形式に倣った庭をつくることはできます。たとえば、「禅の庭」の代表的な形式である枯山水《かれさんすい》の庭もできてしまう。

しかし、つくり手が行によって禅を会得していない庭師さんや造園業者さんであったら、その枯山水は「禅の庭」ではないのです。枯山水の形式でつくられた庭というい方しかできません。少なくとも、わたしはそう考えています。

そうであるからといって、「禅の庭」のつくり手は、必ずしも禅僧である必要はないのです。在野の人であっても、長年にわたって禅寺に赴き、住職である禅僧の薫陶《くんとう》を受けたり、坐禅にとり組んだりするなかで、禅を会得していれば（そういう人を居《こ》士《じ》と呼びます）、その人がつくった庭はれっきとした「禅の庭」なのです。

「禅の庭」であるか、そうでないかを分かつのは〝形式〟ではないのです。禅の修行によって、あるいは禅僧の薫陶によって、自分が到達（会得）した禅的な心の境地が、そこに表現されているか否か。それが「禅の庭」であるか、ただ形式に倣った庭であるか、を分ける〝指標〟といっていいでしょう。

ちなみに、禅画についても同じことがいえます。禅寺にはよく、禅の始祖である達《だる》磨《ま》大師のさまざまな姿を描いた絵が掛かっていることがあります。「禅寺」にある「始祖達磨大師の絵」ですから、これは禅画に間違いなし、としてしまいがちですが、それも違うのです。

かりに、高名な日本画家がどれほど巧みに描いた達磨図であっても、作者に禅の心得がなければ、それを禅画とは呼びません。「達磨大師を描いた絵（日本画）」です。

江戸時代後期を生きた臨済宗妙心寺派の禅僧に仙厓《せんがい》義梵《ぎぼん》という人がいます。仙厓和尚は多くの絵を残しました。なかにはふぐを描いたものや猫を描いたものもあります。ユーモアいっぱい、洒脱たっぷりの筆致で描かれたそれらの絵こそ禅画です。仙厓和尚は高い禅の境地に達していた人です。その和尚が描いた絵は、描く対象がなんであれ、そこに仙厓和尚の禅の心がまるごと表現されているからです。

話は少しズレましたが、この禅画の例も、「禅の庭」を正しく理解していただく助けになるのではないでしょうか。

禅には七つの「美」がある

「禅の庭」は、禅の美を空間に表現したものといえます。では、禅の美とは何か。京都大学で教鞭をとっておられた、仏教学者でもあり、哲学者でもあった久松真一さんは、著書である『禅と美術』（思文閣刊）のなかで禅の美を次の七つに分類しています。

- 不均斉《ふきんせい》
- 簡素《かんそ》
- 枯高《ここう》
- 自然《じねん》
- 幽玄《ゆうげん》
- 脱俗《だつぞく》
- 静寂《せいじゃく》

不均斉……不完全でよい

それぞれについてわたしなりの解説をしていきましょう。

「不《ふ》均斉《きんせい》」とは均斉が崩れていること、整っていないことです。一般には左右対称（シンメトリー）であったり、バランスに寸分の狂いもなかったりする状態を美しいとするのだと思いますが、禅はそう考えないのです。

均斉は終わりの姿であるとするのが禅です。〝終わり〟ですから、その時点で完成、完全です。つまり、そこでとどまってしまう。それ以上の変化、すなわち広がりも、高まりも、深まりも……ないのです。

禅に終わりはありません。均斉（完成、完全）の域に達しても、さらにその先を求めるのです。こんな禅語があります。

「百尺竿頭進一歩（ひゃくしゃくかんとうにいっぽをすすむ）」

百尺は約三十メートル。それほど長い竿のてっぺんに達しても、さらにその先に歩を進めよ、そこにとどまっていてはいけない、とこの禅語はいっています。これが禅の風光です。均斉（完成、完全）をあえて崩して、もっといえば、崩すことによって、それを超えていこうとするのです。

均斉を超えたところにある美しさ。それが禅の美といっていいでしょう。その美しさを典型的にあらわしているのが陶器です。西洋では陶器の美しさを均斉に求めます。かたちもデザインも絵柄も、どこにもゆがみや崩れがなく整っている。まさしく均斉の美です。

ところが日本の陶器は違います。たとえば、茶器を思い浮かべてください。かたちにゆがみがあったり、色合いや風合い、肌ざわりが位置によって違っていたりします。名器と呼ばれるものは、例外なく、そうなっています。つまりは完全ではない。作者はあえて均斉を崩しているのです。

さらに、かけた釉薬《ゆうやく》が窯の温度や火の加減によって、どのような模様（景色）を描くのかは作者にさえわかりません。ですから、焼きあがった茶器を見て、作者は気に入らないものは容赦なくその場で叩き割り、自分の意にかなったものだけを選ぶのです。

そうして仕上がった茶器には作者の精神性が込められています。その茶器にかけた思いや情熱といってもいいでしょう。茶器を眺めたり、手にとったりした人は、その精神性をそれぞれに想像し、そこに美しさを感じるのです。

その意味でいえば、禅の不均斉の美とは想像力によって感じとる美しさである、といっていいかもしれません。そして、それを美しいとする感性は日本人の誰もがもっている、日本人に共通するものである、とわたしは思っています。

簡素……思惑を捨て切る

「簡素《かんそ》」とはシンプルなこと、素朴であることです。「禅の庭」のなかでも枯山水と呼ばれる形式の庭は、使われている素材も基本的には石組みと白砂のみ。植栽があってもわずかな苔が配されていたりするだけですから、簡素のきわみといっていいでしょう。

これも禅の美のひとつです。その美しさを表現するうえで重要なのが次の禅語の教えです。

「放下着《ほうげじやく》」

その意味は、捨てて、捨てて、捨て切ってしまいなさい、ということです。「禅の庭」づくりでいえば、余計な思惑を捨て、素材を捨て、もうこれ以上捨てることができないところまで捨て切ってその場に臨みなさい、ということです。そうして成立しているのが枯山水です。

思惑とは「こんな庭にしてやろう」という作者の欲求です。それがあると素材のもっている「力」を見抜けなくなるのです。その結果、たとえば、石に手を加えたり、必要以上の数の石を使ったりすることにもなる。簡素からどんどん離れていくのです。

思惑を捨て、空っぽの心で石に向き合う。そうすることで石が本来もっている力、美しさが見えてきます。ほかの素材についても同様です。

もっとも有名な枯山水といえば京都龍安寺《りようあんじ》の「石庭」だと思いますが、そこで使われているのは五カ所に配された一五個の石と箒目《ほうきめ》（砂紋）が入れられた白砂だけです。「放下着」が徹底されているといっていいでしょう。

しかし、石組みと白砂によって表現されたその空間は、力強く、美しく、また、想像力を無限に掻《か》き立てて、いつまで見ていても見飽きることがありません。簡素であるがゆえに、小宇宙のような広がりと奥行きを感じさせるのです。

禅の美の真骨頂がそこにあります。

枯高……自負など見せるな

「枯高《ここう》」とは枯れ長《た》けて強いということです。言葉に馴染みがなく、イメージとして捉えにくいかもしれませんが、この美しさがあらわれているのが「老松」です。あざやかな緑の葉を勢いよく茂らせている若い松にはその美しさがあります。しかし、枯高の美はそれを超えたところにあるのです。

長い風雪に耐えるなかで、松の葉の色も陰り、枝も朽《く》ちてきます。しかし、その姿には若い松にはない存在感があります。

それもこれ見よがしの存在感ではありません。風雪に耐えてきた強さを内に宿した、悠然たる威厳とでもいうべき存在感です。枯高の美しさの源はその存在感でしょう。これには若い松の美しさも太刀打ちできません。

枯高は禅がめざす究極の境地といっていいかもしれません。禅の修行を積んでいくと、「何かをつかんだ」という思いになることがあります。自分はここまで心の高みに到ったのだという自負が生まれるといってもいいでしょう。それはいいのですが、ともすると、それを周囲に感じさせてしまうことがあるのです。自負が周囲に透けて見えてしまう。

禅ではこれを「悟臭《ごしゅう》」といって、もっとも嫌います。悟っている自分をあからさまにすること、その自分に酔うことは、愚かなこと、恥ずべきこと以外の何ものでもないからです。もちろん、美しさは微塵《みじん》も感じられません。

悟臭からまったく離れ、どんなに高い心の境地にいても、そんな素振りをおくびにも出さない。枯高の美しさが香り立っているのがそんな人です。これはすぐれた禅僧の在り様といってもいいと思います。

静岡県三島市に臨済宗の修行道場でもある龍澤寺《りゅうたくじ》という禅寺があります。そこで住職をつとめておられた山本玄峰《げんぽう》老師は〝枯高の人〟と呼ぶにふさわしい方だったと思います。若くして目を患い、光を失った老師は、四国八十八カ所の霊場をめぐるお遍路を重ねるなかで行き倒れになります。

そのとき助けられた縁から四国の寺で寺男として働くことになった老師は、その後仏門に入って全国を行脚し、さらには外国にも赴きます。龍澤寺に腰を落ち着けられる前は臨済宗妙心寺派の管長（最高指導者）にも推されたほどですから、誰もが認める名僧、高僧であったわけです。

老師のもとには政財界人をはじめ、大勢の人が足繁く通ったといいます。人柄に強く惹かれてのことでしょう。老師が一人ひとりに心を寄せて向き合っていたであろうことは想像に難くありません。

その山本老師にこんなエピソードが伝わっています。さる剣の達人が老師の姿を見てこういったというのです。

「あの人は斬れない。衣と体がひとつになっている」

分《わ》け隔《へだ》てなく誰をも受け入れるやさしさ、度量の大きさと剣豪さえ舌を巻く枯れ長けた強さを併せもった老師は、まぎれもなく枯高の美しさを漂わせていた人であった、といえるのではないでしょうか。

自然……作為を捨て、無心になる

「自然《じねん》」は「しぜん」ではなく、「じねん」と読みます。たくまないというのがその意味です。「禅の庭」づくりで不可欠なのがこの姿勢、心の在り様です。庭にかぎらず、何かをつくるときにふと頭をよぎるのが、「うまくつくってやろう」という思いでしょう。そう、自我が前面に出てしまうのです。

それが作為につながります。すなわち、「どうつくったら人が『みごと！』と感じるだろう」「人に『すばらしい！』といわせるにはどうしたらいいのだろう」といったことにとらわれるわけです。たくむ心、たくらみの思いが頭をもたげてくる。

そうしてできあがった「禅の庭」はいたずらに技巧に走ったものにならざるを得ません。禅の美とはほど遠いものになってしまうのです。「禅の庭」づくりを担う石立《いしだて》僧《そう》であった鉄船宗熙《てつせんそうき》にこんな言葉があります。

「三万里程を寸尺に縮む」

三万里程とは雄大な大自然のことです。その大自然の景観、景色をわずかな空間に落とし込むというのがこの言葉の意味です。これが「禅の庭」、とりわけ枯山水の本来の姿です。もちろん、〝つくる〟という作業をするわけですから、自然をそのまま表現することはできません。しかし、そのなかで、できるかぎりありのままの自然を感じさせるものにしていくことにつとめる。

そのために大切なのは、自我（作為）を削ぎ落とし、無我（無心）になることです。どこまで無我になることができるかで、「禅の庭」のできばえは決まる。そういってもけっして過言ではありません。無我になることによって、自然という禅の美を映し出した「禅の庭」がそこにつくり出されるのです。

無我になるとはこういうことだ、とわたしは思っています。

そのときの自分が、その場所（「禅の庭」をつくる空間）で、できることを精いっぱいやっていく。そのことだけにひたすら心血を注ぐ。そうしていたら、たくむ心にとらわれることはなくなります。

自然は生きるうえでもとても大切なことだと思います。「あるがまんま、そのまんま」。それが自然の生き方でしょう。自分を大きく見せたりせず、逆に卑屈になることもなく、そのときどきを「素」の自分で生きていく。それ以上に美しい生き方はありません。

幽玄……あからさまに見せない

「幽玄《ゆうげん》」とは内に深く秘めた余韻《よいん》ということです。日本の伝統的な文化や芸術は、この幽玄と切っても切れない関係にあります。たとえば、歌舞伎や能。どちらにも演者の動きが止まる瞬間があります。

見得を切った歌舞伎役者が次の瞬間、静止してひと呼吸置く、舞いの途中で能楽師の動きが一瞬止まる……。いわゆる「間」ですが、その間がじつに繊細な表現になっています。観客は想像力によって、思い思いにその表現の意味するところを読みとろうとします。

間によって表現される美しさ。それが幽玄の美です。想像力によって成立する美といってもいいでしょう。

「禅の庭」でも幽玄は重要な構成要素になっています。たとえば、流れ落ちる滝に紅葉の枝がかすかにかかり、風のそよぎによって後方の景色が見え隠れする、といった風情が幽玄の世界です。

すべてがあからさまに見えてしまえば、想像力は喚起されません。見え隠れすることによって、想像力が刺激され、景色がさまざまに変化するのです。そして、それが余韻につながっていきます。

日本人は幽玄の美を暮らしのなかにもとり入れてきました。かつての家には格子や障子があったり、夏には簾《すだれ》をかけたりしたものでした。それらは幽玄の世界をつくり出す〝仕掛け〟でした。日本人はそれらを通して見る風景から陰影や余韻を感じとっていたのです。

脱俗……こだわらない、とらわれない

「脱俗《だつぞく》」はものごとにこだわらないということです。わたしたちが生きている世間には、さまざまなしきたりや決まりごとがあります。もちろん、法治国家である以上、法を逸脱するのは困りますが、世間体とか、杓子定規な常識といった「枠」にこだわ

りすぎると窮屈になるのではないでしょうか。

枠にこだわることなく、自由でいる姿が脱俗です。それを体現しているのが七福神の一人である布袋《ほてい》さんかもしれません。絵や像で見たことがあるという人も少なくないと思いますが、布袋さんのいでたちは一風変わっています。

はだけた衣からは大きく張り出した太鼓腹がはみ出し、肩には施《ほどこ》されたものをなんでもかんでも放り込んだずだ袋を担いでいる。布袋さんは弥勒菩薩《みろくぼさつ》の化身という伝説があったほどの高僧ですが、権威の風を吹かせるなどということとはまったく無縁、高僧然としたところが少しもないのです。

それどころか、世間にどう見られるかといったことにもまるで頓着しない。俗的な枠から突き抜け、こだわりも、とらわれもありません。真に脱俗したどこまでも自由な姿がそこにあります。

「禅の庭」に目を転じれば、苔寺として広く知られる京都西芳寺《さいほうじ》の庭が脱俗の美をいかんなく感じさせます。とくに美しさが際立つのは早朝です。朝靄《あさもや》が立ちこめるなか、しっとりとした苔の緑が目にも清々しく、そこに木々の間から幾筋もの光が差し込む。

その静かな凛とした佇まいはまさに脱俗の世界です。

そんな空間に身を置いていると、ものごとにこだわることのつまらなさ、とらわれることの意味のなさがひしひしと感じられます。禅の美のひとつである脱俗を体感できる格好の場所といえるでしょう。

静寂……静けさは心で感じる

「静寂《せいじゃく》」とは文字どおり、静けさのことですが、禅でいうそれは物音ひとつしない状態のことではありません。自分の内なる心で感じる静けさ。それが禅の静寂です。ですから、日常の喧噪《けんそう》のなかにも静寂はあるのです。

禅の修行の中心は坐禅ですが、一心に坐禅をしているときは、心が穏やかに静まり返ってきます。まさに静寂の状態にあるわけですが、そのとき周囲ではさまざまな音がしています。風のそよぎや小鳥のさえずり、近くに川があればそのせせらぎも聞こえます。

心がそれらの音を心地よく受けとめ、しかも静けさに微塵《みじん》の揺るぎもない。禅の美である静寂とはそういうものだと思います。臨済宗の中興の祖といわれる白隠《はくいん》禅師にこんな言葉があります。

「動中の工夫は静中に勝ること百千億倍」

静中（の工夫）とは坐禅をして静かな心になることです。しかし、日常動いているときに、同じように静かな心になれることのほうがはるかにすばらしいのである、ということでしょう。もちろん、一朝一夕にそうなれるものではありません。

一瞬たりとも修行を怠ることなく、そうなれるようにつとめよ。白隠禅師の真意はそこにあるのだと思います。

「禅の庭」でも静寂が感じられる場所をつくります。そこにいると目に見える景色も耳から入ってくる自然の音も、すべてが心地よく感じられて、時間が経つことも忘れ、いつまでもじっと佇んでいたくなる。そんな場所が静寂の空間です。たとえば、庭内に設えられた東屋《あずまや》などがそれにあたります。

「禅の庭」は自由に感じればよい

「禅の庭」を手がけていることもあって、わたしはしばしばこんな質問を受けます。

「庭のどこを見たらいいのでしょうか。見どころといったものを教えていただけませんか？」


たしかに京都などの有名な禅寺には、音声ガイドで「見どころ」を紹介しているところがあります。

「中央に置かれた石組みは〇〇を表現したものといわれています。この位置から見ると、それがよくわかります……」

といった塩梅《あんばい》。もちろん、ガイドに意味がないとはいいません。しかし、それが本来の「禅の庭」の見方を妨げている一面もある、とわたしは思っています。見る位置や見どころを示されたら、「なるほど、ここから、こう見るのが、正しい見方なのか」という固定観念が植えつけられます。


すると、それにとらわれた見方しかできなくなるのです。「禅の庭」を見る際にもっとも大事なことは、何にもとらわれず、自由な心でいることです。その自由な心が感じるもの、自由な心に入り込んでくるものが、そこに展開している「禅の庭」の、その人にとっての本質だといっていいでしょう。

「この位置から見ると、いちばん空間の広がりが感じられるな」

「ここから見ていると、全身が静けさに包まれている気がする」

　そんな自分自身の「気づき」こそ重要です。気づきは次の発想につながっていきます。たとえば、こんなふうに……。

「広がりが感じられるのは、そうか、あそこにあの石が置かれているからなんだ。少しでも位置が違っていたら、景色がまったく変わってしまう。作者の洞察力はすごいものなんだなぁ」

「わかった気がするぞ。あのわずかな苔の緑が静けさをもたらしているんだ。あれがなかったら印象はぜんぜん違う。〝禅の庭〟の世界って深いなぁ」

　もちろん、気づきも発想も百人百様でいいのです。自由な心で、自由に気づき、自由に発想する。それが「禅の庭」の見どころであり、見る楽しさ、おもしろさ、醍醐味でもある、とわたしは考えています。

ガイドが伝えてくれる「禅の庭」の構成の解説や作者の意図といったものは、一定の意味があるにしても「均一」「平板」です。「禅の庭」が表現している世界は、均一でも平板でもなく、豊かな「起伏」に富んでいます。

それを捉えるには、自由な心しかありません。

ひとつとして同じ庭はない

「牛飲水成乳　蛇飲水成毒」（うしののむみずはちちとなり、へびののむみずはどくとなる）

この意味は文字どおり、同じ水であっても、牛がそれを飲めば滋養をもたらす乳になり、毒蛇が飲めば人の命も奪いかねない毒になる、ということです。

水という素材を乳にするのも、毒にするのも、それを扱う（飲む）側にかかっている。この言葉を「禅の庭」づくりに引き寄せていえば、同じ敷地、同じ素材（石、白砂、植栽、水……）であっても、つくり手しだいでまったく違う「禅の庭」になるということ。極端ないい方をすれば、どこにも魅力が感じられない、居心地の悪い庭にもなるし、いつまでもそこにとどまっていたい、心地よい庭にもなるということです。「禅の庭」のつくり手に託されたものは大きく、重いのです。生半可な気持ちでとり組むことは許されません。

では、つくり手、作者に求められるもの、作者が根底に据えておかなければいけないこととは何でしょう。それは「素材との対話」です。対話は究極のところまで徹底的にしなければいけません。

わたしたちは「読む」といういい方をします。すなわち、敷地との対話は「地心を読む」ということですし、素材となる石との対話は「石心を読む」、木との対話は「木心を読む」ということになります。

「禅の庭」をつくる敷地は千差万別、ひとつとして同じものはありません。どれもが固有の特徴をもっています。大小はもちろん、傾斜のあるなし、樹木のあるなし、また、その樹木の種類や大きさ、陽があたる方向、周囲の環境……、すべてが固有です。

現場に何度も足を運んで、それらを子細に検討する。それが地心を読むということです。「禅の庭」の場合、敷地をできるかぎりそのまま活かすという方向でデザインを起こす、ということが基本になります。

重機を入れて傾斜地を平らにならしてしまえば、つくること自体は容易《たやす》くなりますが、そうはしないのです。

かりに傾斜が「禅の庭」をつくるうえで、マイナス要因であっても、傾斜はそのまま活かすかたちで、全体のデザイン、構成を考えていく。その傾斜は何百年、何千年にもわたる自然の営為の結果としてそこにあるわけですから、それを人為的に壊すことは自然に対して傲慢な姿勢であると考えるのです。

禅は「共生《ともいき》」、つまり、自然とともに、自然と協調して、生きることを重んじます。

地心を読むうえでもっとも大事なことは、すでにお話ししましたが、「無我」になってその場に立つことです。「こんな庭にしたい」「こんな庭にしよう」という思惑（自我）をもってその場に臨んだのでは、地心は読めない。地が発する声が聞こえてこないのです。

無我、虚心坦懐《きょしんたんかい》といういい方をしてもいいと思いますが、その心であってはじめて、声が聞こえてくる。わかりやすい表現をすれば、「気づく」ことがあるのです。

「全体をこんなデザインにすると、傾斜（マイナス要因）がいい味わい（プラス要因）になるんじゃないか」

そんな発想が湧いてくるわけです。

ちなみに、マイナスをプラスに転じるというのは、禅のきわめて重要な考え方、発想です。傾斜があるからいい陰影が生まれる、傾斜があるために流れが出てくる、傾斜によってコントラストが際立つ景色の表現ができる……。気づきはさまざまにあります。

石心、木心についても同様です。石は見る方向によってまったく違った表情を見せます。また、縦に据えるか、横に置くかで、印象がまるで変わります。「禅の庭」をデザインするときには、最初に「癒やし」「寛ぎ」「静けさ」「力強さ」「清々しさ」……といった基本となるテーマを決めます。全体の空気、雰囲気といってもいいかもしれません。

どの位置に、どの方向で、どのように（縦か、横か）石を据えれば、そのテーマに沿った表現ができるか。ここでも心を空っぽ（無我）にして入念に、かつ細心に石心を読むことが必要になります。

樹木もそれぞれに個性的です。なかにはクセの強い枝ぶりの木もある。そんな木がもともと敷地にあった場合、邪魔な感じがすることもあるのです。しかし、安易に切ってとり除いてしまうということはしません。

四方八方から眺めて木心を読む。なんとか活かす方法を考えるわけです。すると、必ず気づきがあります。たとえば、

「この枝がつくる影はおもしろいな。樹下に影が映る小さな池をつくったら、影が楽しめる庭になる」

「落葉樹だから秋には葉が色づいて落ちる。下に緑の苔を植えておくと、紅（黄色）と緑の美しい模様が大地に描かれる」

といった具合です。木そのものだけではなく、影の在り様（かたち）に気づくことで、あるいは、季節の移ろいという「自然の力」に気づくことで、クセのある木もその「禅の庭」に欠かせない素材になるのです。

「禅の庭」は、地心（石心、木心……）が読めるかどうかで、「乳」になったり、「毒」になったりします。つくり手の読む力が問われるのです。どこまでも無我になって、読む力を研ぎ澄まさなければいけない。日々、そういい聞かせているところです。

本物はまねすることができない

「禅の庭」をつくる作業は一瞬一瞬が正念場です。禅では行住坐臥《ぎょうじゅうざが》、すなわち、日常の立ち居ふるまいのすべてが修行であると考えます。「禅の庭」づくりも、もちろん修行。それも、厳しく自分を問われる修行だといっていいでしょう。常に正念場に臨む心がまえをもって作業にあたらなければなりません。

　自分を問われるのは、「禅の庭」にはそのときの自分が誤魔化しようもなくあらわれてしまうからです。禅僧として修行を重ねてきて達している心の境地、一般的な言葉を使えば人間性や生き方が、「禅の庭」にはそのままあらわれるのです。

　小細工や付け焼き刃はいっさい通用しません。たとえば、先人がつくったすばらしい「禅の庭」の石組みをまねて、それを自分がつくる「禅の庭」に展開したとしても、

歴然たる違いがあからさまになってしまう。見る人が見れば、
「ずいぶん背伸びをしているが、〝本物〟には及びもつかないな」
ということになるわけです。そのときの自分の力量（人間性、生き方……）以上のことは、どうあがいてもできないのです。「禅の庭」づくりでいちばん恐ろしいのは、そのことだといっていいでしょう。

ですから、「禅の庭」をつくるにあたって最大限にできることはひとつしかありません。

そのときの自分の全力を尽くす。自分のすべてをそこに投じるというのがそれです。その意味は、無心、つまり、まっさらな心で一つひとつの作業にあたるということです。集中力がもっとも高まるのがその状態なのです。

「禅の庭」では敷いた白砂に箒目《ほうきめ》（砂紋）をつけます。レーキのようなかたちをした鉄製の専用道具を使うのですが、心に迷いや戸惑い、雑念があると、きれいな箒目は引けません。ゆがんだり、曲がったりするのです。

石の置き方にしてもそう。ああでもないこうでもない、と考えてしまって、ピタリ

と位置が定まりません。そのときは仕切り直しが必要です。「しっくりこないが、まあ、いいか」は「禅の庭」づくりにはないのです。

自分の力量があらわれるということは、怖いことである反面、おもしろさでもあります。つくった「禅の庭」によって力量の向上、自分の成長が感じとれるのです。

京都龍安寺の「石庭」についてはすでに触れました。わたしは何度も石庭の前に立っています。その際、僭越《せんえつ》ながら、自分ならこの空間にどのように素材を配置するだろう、と頭のなかでシミュレーションすることがあります。

空想の石庭はその都度違ったものになります。一度は実際の石庭とは違う位置に置いた石を元に戻すということも起こる。そこでふと気づくのです。

「そうか、あの石はやっぱりあの位置でなければいけないんだ」

それは、以前は気づかなかった作者の意図に気づいたことではないか、とわたしは思っています。見えなかったものが見えてくる。成長の証といってもいいのではないでしょうか。

なお、つけ加えておけば、あの石庭に表現されている空間を超える素材の構成は、わたしにはいまも見つかりませんし、永遠に見つかることはないのだと思います。それほど石庭の作者の力量は秀でたものであったということでしょう。

数多くのサスペンスの名作映画を世に送り出した巨匠アルフレッド・ヒッチコック監督は、「いちばん好きな自分の作品は?」と問われ、「Next One（次回作だ）」と答えたといわれています。

手がけた新たな作品にかすかにでも自分の成長が感じられる。そんな「禅の庭」づくりをつづけていきたい、と思っています。

自分の力量で見え方が変わる

「禅の庭」から何を感じるか。もちろん、それは人それぞれで違いますが、じつはそこにはその人の力量が大きくはたらいています。たとえば、簡素な枯山水を見て、こんなふうに感じる人がいるでしょう。

「なぁんだ、やけに殺風景だな。つまらない」

正直な感想です。その人には石ころが何個かあって、あとは白い砂がまかれているだけとしか感じられないのです。実際、景色としてはその通りですし、その感想に間違いがあるというわけではありません。

しかし、一方には同じ「禅の庭」から単なる景色を超えた「何か」を感じる人もいます。

「今日は風がまったくないのに、この〝禅の庭〟にはそよ風が吹いている。やわらかな風のそよぎがたしかに感じられる」

これも正直な感想です。ほかにも、風ではなく、大海の波のうねりを感じる人、静かな湖の湖面をそこに見る人……などなど、さまざまな感想をもつ人がいるはずです。

こうしたことが起こるのは、力量によって「禅の庭」の見え方が変わってくるからです。

もっといえば、自分の力量でしか見ることができない。それが「禅の庭」なのです。

なかには同じ「禅の庭」から深い悲しみやあふれんばかりの喜び、慈悲や祈りといった〝哲学的〟なメッセージを感じる人もいるでしょう。それもまた、力量のなせるわざ。力量がそう受けとっているのです。

ですから、同じ「禅の庭」を見たときに、以前とは違った感想をもつことがあって当然です。力量が変わっているのです。その意味では、「禅の庭」はそのときどきの自分の力量を見定める、格好の対象といえるかもしれません。

わたしはしばしばこんな質問を受けます。

「今度京都に行くのですが、どこか素敵なお庭があるお寺はありますか?」

わたしがいくつか寺の名前をあげると、今度はこんな言葉が返ってきます。

「ああ。そこは前に行きましたから、ほかにありませんか?」

つまり、一回行ったら、それでもう終了という感覚なのです。そのようなとき、わたしは次のようにお話しするようにしています。

「同じところに何度行ってもいいんですよ。その度に見え方が変わっているはずですからね」

いろいろな「禅の庭」を見るのもいいですが、わたしはむしろ、同じ「禅の庭」を何度も訪れることをすすめたいと思っています。日本にはくっきりと色分けされた、それぞれに美しい四季があります。ですから、少なくとも、同じ「禅の庭」が春夏秋冬でどのように佇まいを変えるかを実感していただきたいのです。

そこからさらに進めて、「禅の庭」で自分の力量を知るという見方をする。同じ「禅の庭」の同じ場所に立っても、そのときによって感じるものは違ってくるはずです。

「去年はどこか緊張感のようなものがあったが、今年はとても穏やかな印象を受ける。そういえばこの一年、仕事でいろいろなことがあって揉まれたことで、腹ができてきたってことか。少しは成長できているのかな」

「禅の庭」から受ける印象の変化は、自分自身の変化にほかなりません。「禅の庭」は自分の変化、成長を映し出す鏡でもあるのです。

年に一度、同じ「禅の庭」を訪れて、しばらく向き合う時間をつくる。それは一年の来し方を思う時間でもあるでしょうし、そのときの自分を見つめ直し、成長を知る時間ともなるでしょう。

完全を超えたところに、不完全の美がある

仏教にその根本的な考え方をあらわす次の言葉があります。

「諸行《しょぎょう》無《む》常《じょう》」

この世に存在するあらゆるものは、いつも移り変わっていて、一瞬たりともとどまっていることがない、という意味です。そういう感覚が、いわゆる無常観ですが、日本人の美意識は、この無常観と深くかかわっている気がします。

どんなものもときの経過とともに移ろいでいきます。ものが古びる、朽ちる、壊れる、といった変化も移ろいです。さて、それをどう捉えるか。

たとえば、器でいえば、古びた器はお払い箱にして新しいものを求める、というのが西洋的な美意識ではないでしょうか。壊れた器であれば、躊躇《ちゅうちょ》なく破棄してしまう。

ところが、日本には「年季が入っている」「時代物」といった表現があるように、日本人は移ろいがもたらした変化に価値を認め、美しさを見出すのです。壊れた器であってもそれは同じです。「金継ぎ」という技法があります。壊れた器を漆で貼り合

わせ、継ぎ目に金や銀などの粉をふりかけて甦らせる（修復する）、というものです。

当然、器の模様なども新しいときとは違ってくるわけですが、金継ぎが施された模様にも新しいものにはない美しさがある、とするのが日本人の美意識です。

新しい状態は、いってみれば完全です。移ろいでいくことは、完全さが失われていくこと、不完全になっていくことといえるでしょう。しかし、日本人の美意識からすれば、それは同時に完全な美とは異なる新たな美をまとっていくことでもあるのです。

その新たな美は移ろいによってもたらされる、完全を「超える」不完全の美といっていいかもしれません。

「禅の庭」もその不完全の美を追い求めます。茶の湯は禅から発した日本文化といえますが、その完成者である茶聖・千利休にこんなエピソードがあります。

茶室の前につくられる「禅の庭」は露地《ろじ》と呼ばれます。あるとき茶会を催すことになった利休は、養子で娘婿の千少庵《せんのしょうあん》に露地の掃除を命じます。少庵は命にしたがって露地の隅から隅まできれいに掃き清め、ゴミはもちろん、一枚の葉すら落ちていない状態にし、さらに水打ちをします。

いってみれば、露地を完全の美に仕立てあげたわけです。

利休に点検を願い出た少庵。しかし、利休は少庵を叱責し、やり直しを命じたのです。少庵はいま一度ていねいに露地の掃除にとり組み、どこから見ても非の打ちどころがない状態にしたあと、再び利休に点検を求めます。利休はこう応じます。

「たわけ!」

そして、みずから露地の木を揺すり、葉を落としたのです。少庵が仕立てあげた完全の美を壊し、それを超える不完全の美を現出させたといっていいでしょう。露地という「禅の庭」の究極の美はそこにあるのです。

「禅の庭」に降り落ちた葉。それが感じさせるのはときの移ろいでしょう。移ろいのなかで葉は木の枝を離れて大地に落ちる。一枚の葉も落ちていない「禅の庭」はときをそこにとどめてしまっている「静止画」です。

一方、葉が落ちている「禅の庭」はたしかな移ろいを感じさせる「動画」です。どちらに無常観があるかは明白です。そして、その無常観のある景色を日本人の美意識は美しいとするのです。

自然は人間のパートナーである

西洋の庭園と日本の「禅の庭」には明らかな違いがあります。典型的な西洋の庭園の基本的な構成はシンメトリーであることでしょう。庭園の左右がまったく対称をなし、植えられている花の種類や色、樹木の高さや刈り込み方、芝生に描かれる模様……といったところまで、ほとんど寸分の狂いもなくつくられています。

そこから受ける印象は人工的につくり込んでいるということでしょう。庭園がつくりやすいように敷地を平らにならすことから始まり、デザイン通りに必要な花々、木々を植えていく……。自然をそのまま活かすという発想はありません。

これは西洋の自然観によるものでしょう。西洋において自然は人間がどう扱ってもいいものと考えられています。背景になっているのはキリスト教です。キリスト教では、神が人間をつくり、その人間を支えるのが自然だと考える。

自然は人間のサポート役ですから、どう手を加えてもいい、ということになるわけです。庭園の構成に必要なら、どこから花をもってきてもいいし、高さをそろえるために木を切ってもいっこうにかまわない。それが西洋流です。

自由に人の手を入れるわけですから、思い通りに庭園をつくることができます。デザインを完全に反映させた庭園が生まれる。

日本の自然観は違います。自然に対しての畏怖や敬意が自然観の基盤になっているのです。自然は人間のサポート役ではなく、パートナーとして存在しています。ですから、いたずらに手を加えることはしないのです。

「禅の庭」をつくる際もデザイン、図面を引きますし、それを頭に入れはしますが、実際に現場に入るときは図面をもちません。周囲の環境や風の流れ、光の状態など、その場の自然から感じることを大切にしながら、石や白砂などの素材を配していきます。ですから、デザイン、図面を完全に反映した「禅の庭」にはなりません。

しかし、その不完全性にほんとうの「禅の庭」の美があるとわたしは考えています。「禅の庭」はつくり手のそのときの心を表現したものです。そして、「禅の庭」の美の中核にあるのはその心なのです。心は図面で引くことはできません。図面を超えた不完全性のなかに表現する以外にないのです。

西洋の庭園はまったく同じものをいくつでもつくることができます。図面をそこに表現すればそれですむからです。一方、「禅の庭」はまったく同じ土地に、同じ素材を使って、同じテーマ、コンセプトでつくったとしても、けっして同じものにはなりません。

つくり手の心がそのときどきで違うからです。石の組み方、植栽の配し方、白砂の敷き方などを決めるのは心ですから、同じになるはずがないのです。

西洋庭園の特徴は、完全に整った圧倒的な量感と色彩のあざやかさでしょう。それが見る人に訴えかけ、美しいと感じさせるのです。

「禅の庭」、とりわけ枯山水などは量感ともあざやかな色彩とも無縁です。そこに展開されているのは静かで、簡素な佇まいです。見る人が感じる美しさも、西洋庭園とは大きく違っています。

清々しさ、凛とした研ぎ澄まされた空気、穏やかさ、安らかさ……。「禅の庭」から感じる美しさは、おそらく、そうしたものだと思います。その美の源は見かけの景観というよりは、その空間につくり手が込めた心ではないでしょうか。

つくり手の心が伝える「何か」に見る人の心が共鳴して、そこに美しさを感じとる。「禅の庭」にはそんな巧まざる「仕掛け」があるのです。

余白を大切にする

「禅の庭」を構成する素材は石、白砂、水、植栽……といったものだけではありません。もうひとつきわめて重要な素材があるのです。何もない空間、すなわち「余白」がそれです。

「何もない空間が素材？」

疑問を感じる人が少なくないかもしれません。では、ここで「禅の庭」を思い浮かべてみてください。二つの石が置かれ、白砂が敷かれた枯山水です。二つの石はある空間をあけて置かれています。もし、その空間がもう少し広かったり、狭かったりしたらどうでしょう。枯山水から受ける印象は違ったものになるはずです。つまり、空間によって印象が変わるのです。

そうであれば、（何もない）空間は、石や白砂と同じように、枯山水の印象をつくっている、あるいは、印象を左右する素材である、といえませんか。そう、「禅の庭」で余白がはたしている役割はとても重要なのです。

そのことに関連するのですが、わたしは以前、アメリカで講演をさせていただいたことがあります。その際、現地の女性からこんな質問を受けました。

「京都の龍安寺の石庭は、なぜ美しいのですか？」

その女性は龍安寺に行って石庭を見たことがあるということでしたが、美しさの理由がわからなかった、というのです。アメリカ的合理主義を思えば、出てしかるべき質問だったかもしれません。

わたしは答える代わりに、その女性にこう問いました。

「お答えする前にうかがいますが、石庭の前であなたは何をされましたか？」

とくに何もしなかった、と答えた女性にわたしは重ねて質問しました。

「歌をうたいたいと思いましたか？　あるいは、昼寝をしたいと思いましたか？」

もちろん、女性の答えはどちらも「ＮＯ」でした。そこで、わたしはこういったのです。

「それが答えなんですよ」

歌や昼寝はたまたま例にあげたもので、わたしが知りたかったのは、石庭を眺めながら、何かほかのことがしたい、という思いが湧いたかどうか、ということでした。思いが湧くということは、そのことに心がとらわれたということです。心に石庭以外のことが入り込んだといってもいいですし、石庭から心が離れたといってもいいでしょう。

しかし、女性は何ものにもとらわれることなく、じっと石庭の前に立ちつづけていたのです。禅では「一昧《まい》（ひとつ）になる」という言い方をしますが、石庭と一体になっていたのだと思います。

表現を変えれば、石庭が醸し出す空気感のなかで、その女性の心は心地よさだけに包まれていた、といってもいいでしょう。女性は小一時間、石庭の前に立っていたといいます。心がそんな状態でなかったら、それほど長い時間そうしていることはできなかったはずです。

眺めていると、心が心地よさに包まれる、心地よさが心にあふれてくる。ここでの対象は龍安寺の石庭ですが、対象が何であっても、人をそのような状態にいざなってくれるものは美しいのです。

その美しさはもちろん、石庭を構成している素材、その配置の仕方などが相まって生まれるものですが、「禅の庭」のデザイナーとしてのわたしの見立てをいえば、とくに利いているのは手前の「余白」です。

余白という素材を心にくいほどみごとに使いこなしている。龍安寺の石庭を訪れる度に、その思いが強くなります。

秘められた精神に、日本の美の真髄がある

「秘すれば花」。これは室町時代から現代にまでつづく能（当時は猿楽）の礎《いしずえ》を築いた世阿弥《ぜあみ》が著した『風姿花伝《ふうしかでん》』のなかに出てくる言葉です。秘すること、見せないこと、隠しておくことが花（美しさ）である、ということでしょう。

この言葉とピタリと重なり合うのが、禅の七つの美のひとつである「幽玄」ではないでしょうか。滝にわずかにかかる紅葉の枝が、水しぶきで微妙に揺れて、後方の景

色を見え隠れさせる。はっきりと見えないことで、そこに立つ人は想像をめぐらせ、そのなかで思い思いの美しい景色を「見る」のです。

枯山水も、秘められた美を表現している「禅の庭」であるといういい方ができるかもしれません。実際に目にしているのは石組みや白砂ですが、想像力によってそこに秘められたものが見えてくるのです。

たとえば、それは雄大な山並みであったり、谷川の水の流れであったりするでしょう。あるいは、海に点在する島々であったり、切り立った岩山であったりもする。目に見えるものの美しさは、人によって感じ方の違いはあっても、「現実に見えている美」を超えることはありません。

しかし、想像の世界は無限ですから、そこに展開される美はやすやすと現実を超えていきます。小さな石組みに山並みの雄大な美しさを「見る」ことができるのです。わたしはそこに日本の美の真髄があるような気がしています。

日本のお寺のなかにはご本尊様を「秘仏」として、人びとの目に触れないようにしているところがあります。見ることができないそのご本尊様を、人はさまざまに想像します。そうする過程でご本尊様の神々しさ、清らかさ、慈悲深さ……そして、美しさは際立っていく。これもまた、秘する美でしょう。

秘することは、あからさまにしないということにも通じます。古来、日本人はあからさまにしないことを美しいとしてきました。平安の女性貴族は身にまとう十《じゅう》二《に》単《ひとえ》に香を焚きしめたとされています。

幾重にもかさねた絹衣の間からほのかに立ちのぼる香りこそが、真に美しい身だしなみであるとの思いがあってのことでしょう。肌にじかに香水を吹きつける西洋流とは明らかに違います。そんなところにも、あからさまをよしとしない、日本人ならではの奥ゆかしさの美が感じられます。

「思いを秘する」美しさも日本人は知っています。たとえば、友人を自宅に招く際などに、歓迎する思いを込めて、花を飾るといったことがあるでしょう。西洋では、来訪者になんのてらいもなく、そのことを告げます。

「あなたは百合がお好きでしたよね。ですから、こんなにたくさん百合の花を用意させていただきましたよ」

日本人は違います。百合が好きな友人であったら、たくさんではなく、百合の花を一本、さり気なく玄関や食卓に置いておくのです。もちろん、それについて言葉にすることはありません。歓迎の思いは秘するのです。

それを目にした友人は、思いを汲みとりますが、こちらもあえてそこには触れません。

「わたしのために大好きな百合の花を用意してくださったのですね。そのお気持ちに深く感謝します」

という感謝の思いは秘して、ただ、相手に和やかな笑顔を向けて軽く会釈する。どちらにもそれがその場でいちばん美しいふるまいだということがわかっているからです。こんな禅語があります。

「以心伝心《いしんでんしん》」

心から心に伝わる、ということです。思いは、秘すことで、言葉にしなくても、心から心に伝わることがあるのだと思います。秘すことで、「言葉を超える」という言い方もできるでしょう。

そんなコミュニケーション、心の交流、美しいと思いませんか。

日本の美には独自性、特殊性があります。それを解き明かし、理解するうえで「秘する」はキーワードになるのではないか、とわたしは思っています。

第2章

日本の文化は凸凹を肯定してきた

禅こそ、日本文化の源流である

日本には古くから伝わる伝統的な文化があります。能や歌舞伎、茶の湯などが代表格といっていいと思いますが、そのどれもが禅と深くかかわっています。能でいえば、その前身である猿楽を完成させた観阿弥《かんあみ》、世阿弥親子はともに禅に学び、世阿弥は後に禅僧になっています。

なかでももっとも禅の影響が色濃いのは茶の湯でしょう。茶の湯は千利休によって確立されたとされますが、利休以前からほぼかたちはできあがっていました。利休の師にあたるのは武《たけ》野《の》紹鴎《じょうおう》。その紹鴎は村田珠光《じゅこう》のもとで茶の湯を学んでいますから、利休は「三代目」になるわけです。

茶の湯の端緒を開いた珠光は大徳寺の住職をつとめていた一休宗純《いっきゅうそうじゅん》禅師、あの一休さんのもとで参禅し、禅僧となった人です。珠光はすでに現在に伝わる「わび茶」の本質が「完全性を否定する姿勢にある」という意味のことをいっています。完全性の否定。これはまさしく禅の基本的な考え方です。茶の湯はその発祥時から、禅の影響下にあったことがうかがわれます。

ちなみに、珠光のその言葉とまったく同じ意味の表現が、東京美術学校（現在の東京藝術大学）設立に力を尽くした思想家・岡倉天心《おかくらてんしん》の著作『茶の本』に見られます。以下がそれです。

「茶道は本質的に不完全なものへの崇敬であり、人生というこの不可能なもののなかで、何か可能なものをなし遂げようとする繊細な企てである」

完全性の否定と不完全なものへの崇敬。両者がほとんど同義であることは明らかでしょう。

珠光の流れを汲む紹鴎は堺の商人ですが、こちらも参禅しています。また、紹鴎の茶の湯を受け継いだ利休も大徳寺で出家し、千宗易《せんのそうえき》を名乗るようになります。「宗」の字は大徳寺で得度した人に与えられるものです。

禅は始祖である達磨大師によってインドで生まれました。達磨大師は中国にわたって、その地で禅を広めます。その後、日本に伝わった禅は日本文化の源流となるのです。中国では宗教の域を出なかった禅が、日本で文化として結実したのは、日本の風土や慣習、人びとの暮らしぶりやものの感じ方、価値観といったものが、禅の考え方ときわめて高い親和性をもっていたからではないでしょうか。

たとえば、日本人は古くから季節の移ろいを美しいと感じ、移ろいとともに生きることを喜びともしてきました。こうした価値観はそっくり禅の考え方に通じます。文化を育《はぐく》む土壌として禅ほどふさわしいものはなかった、といういい方ができるかもしれません。

当初、文化の担い手であった禅僧たちが集った禅寺としてよく知られるのが、前述した一休禅師の大徳寺です。そこにはまた、武士たちも足を運ぶようになります。時代は戦が日常的な乱世ですから、武士たちは親子、きょうだい間でも気を許すことができない、という状況に置かれていました。

常に不安や恐怖にさらされていて、心の休まるいとまがない武士たちにとって、ひたすら自分を見つめるなかで心の安寧《あんねい》を得ようとする禅の教えは心の拠り所となったのです。武士たちは禅僧との交流を通して、禅文化に目を開かれていきます。そして、その庇護者《ひごしゃ》となっていったのです。
乱世を制した織田信長、豊臣秀吉、徳川家康らが禅文化、とりわけ茶の湯に傾倒していたことは誰もが知るところでしょう。

ビジネスパーソンも主婦も「道」を生きている

茶の湯は現在では茶道と呼ばれています。考えてみると、日本には「道」がつく文化や修練の世界がたくさんあります。華道、剣道、柔道……といった具合。もとはそれぞれ活け花、剣術、柔術であったわけですが、それらが「道」に変わっていった背景として禅の存在が見逃せません。

禅は坐禅などの修行を通して、みずからの内を見つめ、「本来の自己」と出会うものといえます。本来の自己とは、人がもって生まれている一点のくもりもない清らかな心のことです。禅ではそれを仏性《ぶっしょう》ということもあります。

常にその仏性と照らし合わせて、仏性に問いかけながら、生きていきなさい、とするのが禅の教えです。茶の湯、活け花、剣術、柔術などの文化、修練の世界は、技術を究めることに重きを置くものでした。

しかし、禅はそのことを通して、「本来の自己」と出会うことが、生き方を究めていくことにつながることを示したのです。技術の錬磨は生きる道を見出すことでもある。そうして、「道」がつくようになったのです。

実際には「道」の字がついていなくても、あらゆることについて同じことがいえます。相撲はその稽古やとり組みを通して生き方を究める「相撲道」であり、野球は練習や試合を通して生き方を究める「野球道」です。芸術、芸能の世界もそうですし、一般的な職業もまた同じでしょう。

職人さんは「職人道」を、ビジネスパーソンは「ビジネス道」を、主婦であれば「主婦道」を、本来、生きているのです。そのことを心の隅に置いておくと、日々の生き方が少し違ってくる気がしませんか。

茶室は禅に触れる空間だった

禅僧の理想とする暮らしは隠遁《いんとん》生活でした。山中に粗末な庵を結び、大自然のなかで季節の移ろいとともに暮らす。それが山中の山居《さんきょ》です。茶の湯を楽しむ茶室はそれに倣ったものといっていいでしょう。

もちろん、茶室があるのは山中ではありません。市中にありながら山中の庵の趣を感じさせる。そこで「市中の山居」と呼ばれたのです。諸説がありますが、この言葉を広めたのは千利休だともいわれています。

草庵がモデルですから、茶室のつくりは質素を旨とするものでした。岡倉天心の『茶の本』にはこんな記述があります。

「茶室、すなわち数寄屋は単なる小屋で、それ以上を望むものではない」

また、公家であった鷲《わしの》尾《お》隆康《たかやす》は日記『二水記』のなかで、村田珠光の養子宗珠《そうしゅ》の茶室について次のように記しています。

「山居の躰《てい》、尤《もっと》も感有り。誠に市中の陰と謂《い》うべし」

いかにも山居にいるような風情がある。市中の隠れ家とでもいったらいいだろうか、といった意味でしょう。当時（室町時代）の京は人びとが大勢行き交い、活況を呈していたはずです。そんななかにあって市中の山居である茶室は、喧噪から離れることができ、自然に抱かれているかのような感覚になれる、静けさに満ちた空間だったのでしょう。天心はこう表現しています。

「茶室はこの世という寂しい荒野のオアシスである」（『茶の本』）

お茶のいただき方にも禅の作法が反映されています。お茶には「お薄《うす》」と「お濃《こい》茶《ちゃ》」があることはご存じの方も少なくないと思います。両者のいただき方の違いは、前者が一人でいただくのに対して、後者は飲みまわしをすることです。

この飲みまわしは、禅の「行茶《ぎょうちゃ》」の作法をそのまま踏襲《とうしゅう》したものです。現在おこなわれている行茶では飲みまわしはしませんが、もともとは一椀のお茶をその場にいる人びとが次々に飲みまわしするのが作法だったのです。

茶室は禅僧の暮らしぶりを体感し、また、禅に触れる空間でもあった、といっていいかもしれません。

茶器の変遷から、不均斉の美を読み解く

茶の湯で使われる茶器も千利休の「前後」で大きく変わることになります。村田珠

光の頃は中国から伝わった唐物《からもの》が珍重されました。その代表が天目《てんもく》茶碗です。これは天目釉《ゆう》と呼ばれる釉《うわぐすり》をかけて焼いた茶碗で、日本に持ち帰ったのは中国に留学していた禅僧でした。

珠光の弟子の武野紹鴎の代になると、（朝鮮）半島物が唐物にとって代わります。高麗青磁《こうらいせいじ》がそれです。

もっとも、珠光の時代も日本で焼いた和物の茶器がとり入れられていなかった、というわけではありません。しかし、和物が茶器の中心となるのは、やはり千利休の代になってからのことです。

利休が好んだのは楽茶碗でした。楽焼の陶工・楽長《らくちょう》治郎《じろう》が焼いた楽茶碗は利休のわび茶を象徴する茶道具として知られています。通常、陶器はロクロを使ってつくられますが、楽茶碗の特徴はロクロを用いないことにあります。

両手のひら、指で器のかたちをつくっていく「手捏《てご》ね」という技法が用いられるのです。それをヘラで削って仕上げる。ですから、ロクロを使ったときのような整ったかたちにはなりません。

左右の対称は崩れ、ゆがみやへこみ、肌ざわりの違いがそこに生じます。そう、禅の不均斉（不完全）の美を湛《たた》えているのが楽茶碗なのです。

京の焼き物には色が使われます。利休はそのあざやかさをよしとしませんでした。色を否定するところに内なる色、心が感じる深い色合いを求めようとしたのです。それに応えたのが前述の楽長治郎です。

瓦職人であった長治郎は、利休の要求に応えるため試行錯誤を繰り返します。行き着いたのは鴨川の河原で出る「鴨川の黒」という石でした。その石を砕いて釉薬をつくり、それをかけて焼きあげたのが黒楽（茶碗）です。

利休がもっとも愛したのは黒楽ですが、これをめぐってのエピソードが伝わっています。すばらしいできの黒楽が焼きあがったので、利休はそれを豊臣秀吉のもとに持参します。しかし、黄金の茶室をつくったことからもわかるように、秀吉は根っからの派手好み。黒楽にはなんの興味も示さなかったのです。

不興を買った利休は秀吉好みの茶碗の作成を試みます。そうしてできたのが、赤土を素焼きし、透明の釉薬をかけて焼きあげた赤楽です。こちらは、秀吉、おおいに気に入ったと伝えられています。

このエピソードからも推察できますが、利休と秀吉の美意識は根本的に違っていたようです。

両者の間にはしだいに確執が生まれ、利休は秀吉の命で切腹することになるわけですが、両者のたがいに相容れない美への思いがその経緯の一因となっていた、とするのはうがった見方に過ぎるでしょうか。

茶室には禅の仕掛けが張りめぐらされている

京都に茶室の原型とされるものがあります。足利義政が建立した慈照寺《じしょうじ》（銀閣寺）にある東求堂《とうぐどう》の同仁斎《どうじんさい》と呼ばれる書院がそれです。広さは四畳半で付書院《つけしょいん》と違い棚が設《しつら》えられています。この四畳半が茶室の基本で、それより狭いものを小間《こま》の茶室、広いものを広間の茶室といいます。

小間の茶室の出入口は「にじり口」と呼ばれます。文字どおり、膝を折ってにじるようにしなければ入れないほど小さなつくりになっています。これを考案したのは利休で、それ以前は茶室の出入口も立ったまま入れるつくりでした。

利休は茶室を「清浄無垢な仏国土」と考えていました。仏国土、つまり仏の住む国には身分の上下も、貧富の差もありません。武士と町人の別もない。誰もが等しく一人の個人であるだけなのです。武士の身分や権威を象徴するのは、いうまでもなく刀です。ですから、それを放してこそ個人になれるわけです。

茶室に入る際には大刀を寄付《よりつき》という場所に置くのが決まりでした。しかし、脇差しは差したまま茶室に入っていたのです。にじり口をつくることによって、それを変えたのが利休でした。

にじり口の寸法は脇差しを差したままでは入れなくなっています。そのため武士は脇差しを外し、茶室の表に設けられた刀掛けに置かなければならなくなったのです。にじり口は武士が身分も権威も放すための仕掛けなのです。

岡倉天心はにじり口についてこう書いています。

「それから客は低くかがんで、高さ三尺ぐらいの狭い入り口（にじり口）からにじってはいる。この動作は、身貴きも卑しきも同様にすべての客に負わされる義務であって、人に謙虚を教え込むためのものであった」（『茶の本』）

茶室という空間に仏国土を現出させた利休の慧眼《けいがん》と発想のバックボーンになっていたのが、禅であることはいうまでもないでしょう。

茶室では光も重要な要素です。坐禅をする場所を曹洞宗では僧堂《そうどう》（臨済宗では坐禅堂と呼ぶ）といいますが、その光は明るさが絞られています。明るすぎると集中できず、無我になれないからです。茶の湯も坐禅と同じ心の境地になるものであるとした利休は、茶室の明るさも僧堂と同じ程度にする工夫を施したのです。

四方に壁をつくるというのがその工夫です。壁によって光が入ってくるのを遮《さえぎ》り、さらに壁や屋根に窓（下地窓《したじまど》、連子窓《れんじまど》、突き上げ窓……）をあけることで光をコントロールする。それが利休の狙いでした。

茶席ではお茶をいただくのはもちろん、食事で懐石をいただいたり、会話を交わしたりもします。そうした流れに合わせて、窓を開け閉めすることで、さまざまな雰囲気づくりをしたのでしょう。

光の量を調節することによって、茶室は「幽玄」の美が漂う空間になったり、「簡素」の美が際立つ空間に変わったり、「静寂」の美が立ちこめる空間になったりしたのだと思います。そうした変化が可能なのも、茶室が不完全な空間だからです。不完全であるから、柔軟に変化を受け入れることができるのです。いずれにしても、そこに利休の空間演出家としてのすぐれた才を垣間見る思いがします。

当時の家屋には壁をつくるという考え方はありませんでした。柱と柱の間に戸や障子などの建具を据えつけて仕切るというのが、基本的な家屋の構造だったのです。壁で仕切る、あるいは、壁で空間を閉ざす、という発想は千利休に始まる、といってもけっして過言ではないでしょう。

茶室の周囲にある庭を「露地《ろじ》」といいます。「露」は禅語で、そのまま「露《あら》わ」という意味。心に何もまとっていない清々しい状態です。露地はそうなるための仕掛けといっていいでしょう。茶室に入る人は露地を通ることによって、心の塵《ちり》や埃《ほこり》を払い落とし、まっさらな心になっていくのです。

この仕掛けは禅寺に倣ったものといえます。規模が大きな禅寺の参道には門が三つあります。これを三解脱門《さんげだつもん》ともいいます。最初にあるのが総門（空門）、次にあるのが山門（無相門）、そして三つめが中雀門《ちゆうじやくもん》（無作門）です。それぞれの門は「結界」です。結界とは俗なる場所と浄（聖）なる場所を分ける境目のことです。

禅寺に参拝する人はまず総門を潜ります。そうすることで浄（聖）なる空間に一歩足を踏み入れるわけです。それは同時に露わになること、身心の塵、埃を払うことでもあります。山門、中雀門を通ることで、さらに塵、埃を落としていく。

三つの門の間には一定の距離があります。つまり、総門から山門に到るにも、山門から中雀門に到るにも、時間がかかるわけです。これが大事。時間をかけることによってしだいに露わになっていくのです。

参道の途中にある御手洗《みたらし》は身体を清める場所です。そこで手を洗い、口をすすぐ。三つの門（結界）を通り、御手洗で身体を清らかにした参拝者は、心も身体もすっかり清々しい状態になって本堂の前に立ち、お参りするというわけです。

利休はこれを茶室にもち込みました。参道にあたるのが露地で、本格的な茶室では三重露地になっています。外露地、中露地、内露地がそれ。山門にあたるのは柴《し》折《お》り戸やくぐり戸で、露地の境目に設けられています。

もっとも、露地は参道とは違って長い距離をとれません。清らかになるために必要な時間をかけるのが難しいのです。そこで考えられたのが飛び石です。露地を歩いたことがある人ならわかると思いますが、飛び石は真っ直ぐには打たれていません。歩く人をいろいろな方向にいざなうように打たれています。

飛び石に沿って歩くことで、距離がずっと長くなる。つまり、清らかになるための時間をかせぐことができるのです。

仕掛けはまだあります。飛び石で歩く方向が変わると、そこにある庭の景色も変わるのです。頭上を樹木が覆うような景色が、方向を変えたことで、少し開けた景色に転じたりする。

歩く人はそれぞれの景色の前で立ち止まって、しばしの間それを堪能します。ここでも時間をかせげるわけです。

身体を清めるところにも工夫がなされています。参道の御手洗にあたるのがつくばい（手水鉢）ですが、御手洗が立ったまま使うのに対して、つくばいはしゃがんで使うようになっています。ここでも余計に時間がかかります。

茶会は夜にも催されました。その際、足元やつくばいを照らしたのが行灯《あんどん》や灯籠《とうろう》です。もちろん、それらは夜の景色にも一役買っていました。遠くで灯る灯籠のやわらかい光は、人の目をとめさせるに十分な美しさだったでしょう。

露地にある庭木の手入れも「入念」におこなわれました。しかし、茶室は市中の山居であることが条件ですから、山中の雰囲気を損なう手入れであってはいけません。隅々にまで心を配っていながら、それを感じさせず、山中の自然にいるような心持ちになれる。そのような手入れが求められたのです。
「もう、これ以上できない完全な手入れ」ではだめなのです。それを超えた不完全さに人は心に山中の広がりを感じるのです。

このように露地に仕組まれたさまざまな仕掛けによって、にじり口から茶室に入るときには、心も身体も清々しい「露」の状態になっているのです。

「床の間」で主人の思いを最大限に表現する

茶室で重要な役割を担っているのが床《とこ》の間《ま》です。亭主にとって床の間は迎える客に対する思いを最大限に表現する場所だからです。利休にこんな話があります。

茶室の庭に利休は朝顔を植えます。みごとに咲き誇った朝顔は評判になり、何人もの人が見に訪れます。それを聞きつけた豊臣秀吉が、「ぜひ、見たいものだ」と利休に告げます。一面の朝顔を期待して利休のもとを訪れた秀吉は目を疑います。

茶室の庭には一輪の朝顔もなかったのです。利休がすべて切らせていたからです。憮然たる思いだったでしょう。叱責の言葉を投げつけるつもりであったかもしれません。しかし、茶室に入った秀吉は目を見張ります。

床の間に一輪、すばらしい朝顔が活けられていたのです。庭一面に朝顔が咲いていたらどうだったでしょう。「なるほど評判どおり、みごとな朝顔だ」という受けとり方以上の感動はなかったのではないでしょうか。

しかし、庭には一輪の朝顔もなく、床の間に一輪があった。秀吉の胸中を察すれば、その感動はひとしおだったはずです。「朝顔で秀吉を歓待する」という意味で、これ以上の表現はないはずです。

床の間にどんな花を、どんなふうに活けるか、どのような軸をかけるか、何か調度を置くか、置かないか……。ここは亭主がいちばん心を注ぐところです。その季節を踏まえ、「名残のもの」「旬のもの」「走りのもの」をうまく配す。それが禅の基本といっていいでしょう。たとえば、季節をそのまま感じさせる軸をかけたら、活ける花は名残のものと走りのものをあしらう、といった具合です。

岡倉天心はこんなふうに記しています。

「晩冬のころ茶室に入れば、野桜の枝につぼみの椿のとり合わせてあるのを見る。それは去らんとする冬のなごりときたらんとする春の予告を配合したものである」（『茶の本』）。

名残、旬、走りは過去、現在、未来に通じます。すなわち、ときの移ろいです。床の間という狭い空間にいかにして永遠のときの移ろいを表現するか。客を迎える亭主の真価は、そんなところで問われるのかもしれません。

茶室に入った客は、まず床の間を拝見します。かかっている軸や活けられている花から、亭主の思いを感じとるのです。

「秋の静けさをともにじっくり味わいましょう、という思いがひしひしと伝わってくる。素敵な迎え方（表現）をしてくれて、ありがたいことだなぁ」

もちろん、以心伝心。言葉には出しません。そんな沈黙のコミュニケーションが、茶室の空気を清々しく、和らいだものにするのです。

利休の茶の湯の心得を端的にあらわす禅語があります。次のものがそれ。

「和敬清寂《わけいせいじゃく》」

和は茶会を催す亭主と招かれた客が、おたがいに心を開き、和やかに接することです。敬は亭主も客もともに相手を敬うこと。清は清らかであることですが、茶室にある茶器や軸、花といったものだけではなく、そこにいる人たちの心も清らかであることを示しています。そして、寂は動じない心のこと。静かで穏やかな心といってもいいでしょう。

利休はこの四つを「四規《しき》」と定め、亭主も、客も、もっとも重んじなければいけないものとしています。和敬清寂が相まって、茶室は天心がいう「主人と客が一体となって、この世の無上の喜びを創り出す」空間となるのです。

わび、さびは日本人の美である

千利休の茶の湯は「わび茶」といわれます。わびは漢字を当てれば「侘び」で、わびしいこと、また、質素、簡素なことを意味しています。

一方、さびは「寂び」。その意味はさびれていること、枯れていること、古びている、ということです。

どんなものも、ときの移ろいのなかでさびれたり、枯れたり、古びたりしていきます。もともとの姿を失い、どんどん不完全になっていく。しかし、そこにはもとの姿にはない、もとの姿とは違った、美しさがあります。それがさびの美といえるでしょう。

さびの美はわびしさをともなったり、どこまでも質素、簡素であったりします。ともすると、それらは美しさを損なう要素とも受けとられますが、そう受けとるのではなく、そこに風情、趣、おもしろみ……といったものを感じていくのがわびです。

質素でわびしい佇まいの茶室という空間で、簡素に徹した茶道具や花、軸などを用いて、茶の湯の世界を展開する。それが利休のわび茶といっていいでしょう。その流れが現在にまで受け継がれているのは、わび、さびに感応する心、それを美しいとする心を日本人がもち合わせているからである、といっていいと思います。

たとえば、それは古い禅寺の苔むした灯籠に趣を見る心です。満開の桜より、散りゆく桜のはかなさに美しさを感じる心です。

わび、さびに対する憧憬《しょうけい》は古くから日本人のなかにあったと思われます。僧侶であり、歌人でもあった西行《さいぎょう》法師は、平安末期に由緒ある武家の家系に生まれます。しかし、若くして裕福な武士の立場をみずから捨て、出家して諸国を漂泊するのです。

最終的に西行が選んだ暮らしは、京都北麓《ほくろく》の山中に結んだ庵での隠遁生活でした。わび、さびへの憧れがそうさせたといっても、けっして過言ではないでしょう。

衣食住のどれをとっても、武士としての生活は、豊かでなに不自由のないものだったと想像されます。それに比べて隠遁生活は、いずれも満たされるものではなかったでしょう。しかし、その満たされないところに、不完全なところに、あえて西行は身を置いたのです。

そして、その生活を受け容れた。山中の庵では季節の移ろいを肌で感じることができたでしょう。小鳥のさえずりや川のせせらぎ、風のそよぎの心地よさを思うさま楽しむことができたはずです。

それは、満たされないがゆえに手に入れることができた暮らし、不完全がもたらした美しい暮らしではなかったでしょうか。そのなかにいて西行は、わび、さび（の美）を満喫していたのだと思います。

日本で曹洞宗を開いた道元禅師にこんな言葉があります。

「放《はな》てば手に満《み》てり」

もっているものを手放すことで、よりすばらしいものが満ちてくる、という意味でしょう。この言葉はどこか、この時代に対する警鐘にも聞こえます。たくさんのものをもち、多くの利便性に囲まれている、というのが現代人の暮らしです。

しかし、誰もが心のどこかで満たされない思いを感じているのもたしかでしょう。

いっときでもそれらを手放す、それらから離れる時間をもつことが必要なのではないでしょうか。

たとえば、携帯電話をもたずに山あいの鄙《ひな》びた温泉宿で一日、二日過ごす。利便性から離れたその時間は、わび、さびの世界（利便性が崩れた不完全な世界）に身を置く時間といっていいかもしれません。そして、それは、心を穏やかさ、あたたかさ、潤い……で満たすはずです。

年に一度でも、二度でも、そんな機会をもちませんか。

日々の暮らしにわび、さびを味わう

ふだんの生活のなかでもわび、さびに触れる時間をもつ。現代人にはとても大切なことではないでしょうか。人の一日のスケジュールはだいたい決まっているものです。夕方までは仕事がその中心になりますし、仕事が終わってからも同じようなことをして過ごしているという人が多いのだと思います。

晩酌をしながら夕食をとり、テレビを観たり、音楽を聴いたりしたあと、就寝するといったものが、いわば「お定まり」のパターンになっている。

その定型を崩しませんか。ときにはベランダでも庭でもいいですから、戸外に出てひとときを過ごすのです。月をただボーッと眺めるというのでもいいのです。できれば、満月ではなく、雲がかかっている月、欠けている月がおすすめです。

先に紹介した村田珠光は次のような文言を残しています。

「月も雲間《くもま》のなきは嫌にて候」

月も満月はつまらない。やはり、雲の間に見え隠れする月にかぎる、といった意味でしょう。珠光は前述したように千利休のわび茶の流れをつくった人です。見え隠れする月にわび、さびの美しさがある、と考えていたことは疑いを入れません。

雲間に光る月、満月から徐々に欠けていく月を眺めることは、まさしく、わび、さびの美に触れることなのです。もちろん、それはお定まりの日常を変化させますし、日々に新たな味わいを添えてくれることにもなるでしょう。

秋には虫の声も聞こえるでしょう。美しい音を響かせてくれていた鈴虫が思わぬところで鳴くのをやめる。そこで、「なんだ、もっと聞いていたかったのに……」とは思わないでください。こちらの思いとはかかわりなく、聞こえたり、聞こえなくなったりする、その不確実さにわび、さびの風趣があるのです。

風が花びらや紅葉の葉を散らすのも、雪がわずかずつ降り積んでいくのも、わび、さびの美しさといっていいでしょう。四季を通してわび、さびを味わうことはできます。ぜひ、定型を捨て、外に出ましょう。

人生は瞬間、瞬間の積み重ねである

茶の湯に由来する禅語にこんなものがあります。

「一《いち》期《ご》一《いち》会《え》」

いまは比較的よく知られていますが、もとは千利休の言葉とされるものです。その意味は、いま対面している相手と会うのは一生に一度きりで、二度とその機会が戻ってくることはない。そうであるから、いま、相手のために自分ができることを、心を込めて、精いっぱいやらなければいけない、ということです。

茶会には何度も同じ人を招くことがあります。同じ茶室で、同じ人に、同じように、お茶をふるまう。その折、こんな思いが兆《きざ》すかもしれません。

「よく知った相手だし、これまでに何度もお茶をふるまっているのだから、まあ、きょうのところは気楽にもてなすか。少々、気持ちが入らなくても、次の機会だってあるし、そのとき挽回すればいいのだから……」

ここでいう「気楽に」は、精いっぱいではなく、あるいは、手を抜いて、といったほどの意味です。

たしかに次の機会があるかもしれません。しかし、その際に挽回しようとしても、できるわけがないのです。なぜなら、ときは常に移ろいでいるからです。相手に気楽に対応してしまったそのとき、精いっぱいを尽くさなかったそのときは、すでに過去という時間のなかに埋もれ、二度と掘り起こすことはできません。そこに立ち戻ってやり直すことはできないのです。

人生はときの積み重ね、もっといえば、瞬間、瞬間の積み重ねです。精いっぱいやらなかったという「そのとき」も、自分の人生に重なっていく。そのことが人生の充実感を殺《そ》ぐものであることはいうまでもないでしょう。

茶の湯にかぎったことではありません。人は日々、たくさんの人たちとかかわっています。そのかかわり合いの一つひとつに、一期一会の心をもってあたっていますか。誰にだって気分がすぐれないことがあるでしょう。機嫌が悪いということもあって当然です。

そんな状態で人に接したときは、すぐれない気分や機嫌の悪さを引きずって、相手に対応することになるなどしがちなのではないでしょうか。無愛想な態度をとったり、邪険にしてしまったり……。

しかし、考えてみてください。その相手と会うのがそれっきりになってしまったら、そんな対応をした自分を悔やみませんか。自責の念にとらわれないでしょうか。

禅は、思いや感情はその場に置いていきなさい、と教えます。気分がすぐれないのも、機嫌が悪いのも、何か原因があってのことでしょう。たとえば、朝家を出るときに家人と口喧嘩をしてしまったら、機嫌が悪くもなりますし、それは仕方がないことです。

しかし、その機嫌の悪さはその場に置いて、家を出るのです。そう、気持ちを切り替えるのです。一歩家を出たら、「よし、きょうもいい日にするぞ！」と自分にひと声かけるのもいいかもしれません。

すぐには切り替えがうまくいかなくても、いつも「置いていく」ことを心にとめていたら、それが習慣になって、必ず、自然にできるようになります。わだかまりやとらわれのない心で、誰とでも会うことができます。一期一会を実践していく下準備は万全になるといっていいでしょう。

常に一期一会を心がけていたら、人間関係の質が格段に違ってきます。相手に自分を深く理解してもらえるようになりますし、相手に対するこちらの理解度もグッと深まるのです。人間関係の味わいが増して、人生がもっと、もっと、おもしろくなってきます。

おもてなしの極意は「さりげなさ」にある

五輪の招致合戦のさなか、「世界語」になった日本の言葉があります。「おもてなし」です。おもてなしは英語でいえば「hospitality」（ホスピタリティ）ということになるわけですが、その中身には顕著な違いがあるという気がします。

おもてなしに用いられるアイテムのひとつが花でしょう。その飾り方が彼我《ひが》ではまったく違います。花を飾る際、欧米で重要視するのはボリューム感と色彩です。色とりどりの花をボリュームたっぷりに飾る。それが欧米流です。豪華な、いわゆるフラワーアレンジメントが、訪問者を迎える極上のおもてなしになるわけです。

日本流は趣をまるで異にしています。季節の花が控えめに活けてある。数も少なく、一輪だけということも少なくありません。秋にはすすきが一本活けてある、といったことも珍しくないのです。禅の美のひとつである「簡素」は、日本のおもてなしではとても大切な要素です。

欧米人はすすき一本に「なぁんだ、一本だけか。物足りない」と感じるのでしょう。しかし、日本人はその物足りないすすき一本から、秋の深まりや秋の静けさといった「花を超える」ものを感じとるのです。

千利休のわび茶はおもてなしが凝縮された世界である、といっていいかもしれません。お茶を点《た》てる作法、すなわちお点前《てまえ》の動きは、まったく無駄がありませんし、簡素で流れるような美しさを感じさせます。おもてなしのふるまい（所作）のきわみでしょう。

利休は茶の湯についてこういっています。

「茶の湯とはただ湯をわかし茶をたてて飲むばかりなることと知るべし」

「湯をわかす」「茶をたてる」「飲む」。茶の湯で必要不可欠なのはこれだけです。そうであったら、余計なことはいっさいせず、やるべきことだけを心を込めてやりなさい、というのがこの言葉の意味するところでしょう。

これは禅の考え方そのものです。禅の考え方の根底にあるのは、削ぎ落とす、捨てる、拭い去る……ということです。余計なものはできるかぎり、削ぎ落とし、捨て、拭い去っていく。そうして残ったものがほんとうに大事なものである、とするのが禅です。

これはおもてなしにもつながります。もうひとつ利休の言葉を紹介しましょう。

「叶うはよし、叶いたがるは悪しし」

努力した結果、ものごとが自然に叶うのはよいが、結果ばかりを求めるのはいかん、ということです。これをおもてなしということに引き寄せていえば、相手におもてなしをしたいという思いが自然に伝わるのはかまわないが、思いを伝えることが優先され、そのためにあれこれと手練手管を弄《ろう》するのはだめである、ということでしょう。

端的にいえば、おもてなしでは余計なことはするな、過剰になってはいけない、ということだと思います。たとえば、相手の好きな花を玄関先にふんだんに飾っておく、というのは明らかにやりすぎ。これ見よがしの印象を与えます（国柄が違う欧米では印象は違うと思いますが……）。

違ういい方をすれば、「あなたのためにここまでしてあげているのですよ」という思いが、相手に透けて見えてしまうのです。それでは、相手は心地よいどころか、負担に感じてしまうと思いませんか。

やはり、一輪を「さりげなく」どこかに飾っておくのがいい。さりげなさはおもてなしの重要なキーワードだと思います。相手がふと目をやると、そこに好きな花が一輪。それでこそ、相手は「あっ、好きな花を憶えていてくださったんだ。うれしいなぁ」としみじみとした、しかし、深い感慨を覚えるのではないでしょうか。それが、おもてなしの心が自然に伝わるということでしょう。

思いを相手に押しつけないためには次の禅語を心に置いておくことです。

「同《どう》事《じ》」

これは道元禅師の著した『正法眼蔵《しょうぼうげんぞう》』の「四《し》摂法《しょうぼう》」という巻に出てくるものですが、相手と同じ立場に立つ、相手と思いを同じくする、ということです。何が相手にとっていちばん心地よいのだろう。徹底的に掘り下げて考える必要があるのはそこです。

ああもしたい、こうもしてあげたい、という思いはさまざまにあるでしょう。しかし、同事の視点で思いを見直してみるのです。すると、

「これは独りよがりなだけで、相手は心地よくないかもしれない」

というものが見つかるはずです。それは削ぎ落とす、捨てる、のです。そうして残った思いをかたちにする。思いが自然に伝わるおもてなしとはそういうものだと思います。それが、通り一遍のものではない、画一的でない、その人にほんとうにふさわしいおもてなしになることはいうまでもないでしょう。

「利休七則」をいまに活かす

千利休は前述した和敬清寂の「四規」とともに七つの茶の湯の心得を残しています。「利休七則」がそれです。もちろん、茶の湯とはどのような心をもって臨むべきものであるかを示したものですが、それは同時に人の日々の暮らし方、ひいては生き方の指針ともなっている気がするのです。

茶の湯は禅に通じ、禅は暮らし（生き方）と不可分であることを思えば、当たり前のことかもしれません。ここからは、利休七則を見ていきながら、それをいまに活かすためのヒントについて考えてみることにしましょう。

利休七則①——茶は服のよきように点て

この「服」はお茶を飲むことです。いまも「お茶を一服召し上がれ」ということもありますが、これはもともとお茶は薬として用いられていたことから、お茶にも薬と同じように数詞の「服」が使われるようになったものと思われます。

この則の意味は、お茶というものは、飲んだ人が「ああ、おいしい」と心から感じるように点《た》てなさい、ということでしょう。そのためには、まず、自分の（点て方の）流儀を押しつけないということです。

そのうえで、そのときの相手の状況、状態、気持ち、思いを汲みとることが大切です。それができてはじめて、相手は単にお茶の味を「おいしい」と感じるだけでなく、相手を気遣うこちらの思いも察して、それも「おいしい（ありがたい）」と受けとるのです。

この則で思い出されるのが、戦国武将であった石田三成にまつわるエピソードです。「三献茶《さんけんちゃ》」として知られるものがそれ。

三成は、最初に天下人となった豊臣秀吉にとり立てられ、豊臣五奉行の一人に数えられる大大名になるわけですが、このエピソードは三成がまだ仕官する前のものです。

長浜城主だった秀吉は鷹狩りの途中である寺を訪れます。喉の渇きを覚えたのです。お茶を所望すると、少年がそれに応えます。お茶はぬるめで、大きな器になみなみと注がれていました。

秀吉は一気にそれを飲み干して、おかわりを求めます。次に少年が運んできたのは、前より少し小さい器に入ったやや熱めのお茶でした。それを飲み切った秀吉は、さらに一服を求めます。

少年はさらに小ぶりの器に入った熱いお茶をもってきます。それを飲んだ秀吉は、少年の機転をおおいに評価し、家臣にとり立てるのです。いうまでもなく、その少年こそ、後の石田三成です。

秀吉が感じ入った機転とは、喉の渇きが癒えるように、まず、たっぷりのぬるめのお茶を出したこと、次にお茶を味わってもらうために、やや熱めのお茶を少なめにして出したこと、そして、三杯目にはお茶をゆっくり楽しんでもらうために、とびきり熱いお茶をほんの少々出したことでしょう。

そのときの秀吉の状態、気持ちをもののみごとに汲みとったのです。その三成は「さすが」ですが、お茶を淹れるという些事《さじ》から、相手の器量を見抜いた秀吉の眼力も、また、「すごい」レベルにあったといえます。

さて、この則からはいくつかの教訓が読みとれそうです。

自分の流儀を押しつけないことが大事なのは、仕事や人間関係についてもいえるのではないでしょうか。たとえば、仕事で自分のスタイルやノウハウを確立することは望ましいことだといえます。

しかし、その流儀を金《きん》科《か》玉《ぎょく》条《じょう》にして一歩も譲らず、あくまで貫くという姿勢はどうでしょう。商談などは双方が主張するべきは主張し、譲るべきは譲る、というプロセスがあって成立するわけです。一方的に自分の流儀を押しつけたら、それが原因で商談がご破算になってしまうことも、十分考えられます。

流儀については、ときに押し出し、ときに引っ込める、というメリハリが必要だといっていいでしょう。

相手の状況や状態、気持ちや思いを汲みとるということも、とりわけ人間関係では大切なことだと思います。人にはそれぞれ個性や性格、気性があります。それを踏まえる、つまり、汲みとることが人間関係を結ぶうえでの基本でしょう。

内気で人見知りをしてしまう人に対して、無遠慮に心に踏み込むような接し方をしたら、相手は萎縮するでしょうし、苦手意識をもつと思うのです。少し時間をかければいい人間関係を築けたかもしれない相手であっても、性格を汲みとることができないと、そこで関係が断ち切れてしまうことになりかねません。

また、人はそのときどきで気持ちの在り様が違います。たとえば、悩みを抱えているときも、人のアドバイスが欲しいこともあれば、そっと一人にして欲しいこともあるでしょう。その気持ちの在り様を汲みとれなければ、たとえ親しい間柄の相手とも関係がギクシャクしてしまうこともあります。

「あの人はこんな人だから……」という決めつけは、自分の勝手な思い込みであることが少なくないのです。いつも感性をはたらかせて、相手の気持ちの在り様を感じていくことが大切だと思います。

利休七則②──炭は湯の沸くように置け

茶の湯では湯を風炉や炉に置いた炭で沸かします。炭の量や置き方（つぎ方）で火加減は違ってきます。お湯がお茶を点てるのに最適な温度になるかどうかは火加減しだい。炭の置き方には細心の注意を払う必要があります。

客の前で炭を置く作法を「炭手前」といいますが、これはいってみれば、お茶を点てる前の準備、段取りです。そこにも入念に心を配りなさい、というこの則は準備の大切さをいったものだといっていいでしょう。

禅も準備の大切さを説いています。よく例に引くのが花の開花です。春になると花々が咲き始めますが、いっせいに開花するわけではありません。同じように春風を受けて、開く花もあれば、開かない花もあるわけです。

その差を生むのは準備です。冬の間から一生懸命つぼみをふくらませ、咲く準備をしてきた花は、春風をしっかりつかまえて開きます。一方、準備を怠ってきた花は咲くことができず、春風をやり過ごしてしまうのです。

咲くか、咲かないか。準備がそれを決めるといっていいでしょう。

ここで春風をチャンスに置き換えて考えてみてください。春風がどのつぼみにも平等に吹くように、チャンスも等しくやってくるのです。しかし、それをつかみ、活かせる人もいれば、チャンスをふいにしてしまう人もいます。

これもやはり、準備の違いです。日頃からコツコツ努力を重ね、自分のスキルや知識を磨くことにつとめてきた人は、やってきたチャンスを見過ごすことはありません。確実にそれをつかみ、自分のレベルの向上につなげることができます。

これに対して、チャランポランにやってきた人は、チャンスがきてもそれに気づかないかもしれませんし、気づいたとしても、それをつかむだけの準備ができていませんから、見過ごすしかないのです。

「勤精進《ごんしょうじん》」

これは道元禅師の言葉ですが、つとめて精進しなさい、日頃の努力を怠ってはいけない、という意味です。実際に仕事が動き出したり、プロジェクトがスタートしたりすれば、そこからは表舞台の努力、見える努力ですから、力を惜しむことなく、とり組むことができるでしょう。

しかし、準備段階は、裏方の努力、見えない努力が求められるわけです。それが努力に全力を傾けられない要因になるかもしれません。道元禅師の言葉を噛みしめましょう。そして、準備の大切さをあらためて肝に銘じてください。

準備はどれほど周到にしても、万全ということはありません。不足しているところが必ず、どこかにあるものです。そこに目を向け、「不足」を炙《あぶ》り出し、ひとつずつ埋めていく作業。準備をそう捉えると、見えない努力の楽しさが見えてきます。

利休七則③――花は野にあるように

この花は茶室に活ける花のことをいっています。「野にある」というのは花が自然に咲いている姿でしょう。この則のポイントは「ように」の部分です。自然に咲いているそのままを茶室に再現しなさい、ということであれば、利休は「ように」を使わなかったでしょう。「(野にある)ままに」という表現がそれにふさわしいからです。

野にある花は、その季節を映し出し、命を輝かせています。「季節」「命」が重要です。茶室の花は、簡素さのなかでその両者を表現しなければいけません。一輪の花でどう、季節を感じさせ、命の輝きを放たせるか。それが「ように」活けることです。活け手が心を砕かなければいけないのは、その一点といっていいでしょう。

季節を、命を、感じるのは見る側の想像力です。第1章で「禅の庭」では素材の心を読む（45ページ参照）という話をしました。想像力に訴えかけるには、「花心」「枝心」を読むしかありません。

得心するまでその花（枝ぶり）と向き合うことです。すると、長さはこれくらい、正面はここ、枝ぶりの傾きはこう……といったこまかいことが見えてきます。花が伝えてくれるといってもいいでしょう。

あとはそれにしたがって活ければいいのです。

仕事では「適材適所」ということがいわれます。人はふさわしいはたらき場所を与えられてこそ、十二分に能力を発揮します。配置を決める人は正しくその人の適性、また、能力を見きわめ、適切な場に就けなければいけません。

しかし、これが一筋縄ではいかない。話術が巧みで、どんなことに関しても淀みなくしゃべるという人がいます。その点だけを見ると、営業部門に向いているような気がします。しかし、現実にはそのタイプの営業成績がいっこうに上がらないということがあるのです。

もち前の雄弁が、扱っている商品のメリットをいい募ることだけに使われている、といったケースはそれにあたるかもしれません。相対する顧客はどんな気持ちになるでしょう。

「この営業マンは〝いいこと〟だけしかいわないし、ちっともこちらの話を聞いてくれない。調子がよすぎて、どうも信頼できない」

これが本音ではないでしょうか。そんな営業マンから商品を購入したいと思う顧客はいません。適所が違っているのです。

逆に言葉数が少なく、しゃべるのがうまくない人もいます。しかし、そのタイプを「営業には不向き」と決めつけてしまうのは早計です。訥弁《とつべん》ではあっても、他人の話を真剣にじっくり聞く、相手が求めていることを正しく理解して、的確な対応ができる、といった能力にすぐれているかもしれないからです。こちらは顧客にどう受けとめられるでしょう。

「時間も気にせず話を聞いてくれるし、話の内容にも誠意が感じられる。尋ねたら、デメリットについても隠さず話してくれて、とても信頼できる」

こんな受けとめ方になるはずです。営業が適所であることは間違いのないところでしょう。

適所を見誤る。そんなことが起きるのは、表面的にしかその人を見ていないからです。つまり、じっくり向き合っていない、「人心《ひとごころ》」を読んでいないのです。

人の本質（適性、能力）はじつは隠れたところにあって、すぐには見えないことが多いものです。時間がかかったっていいではありませんか。人とはじっくり向き合っていきましょう。「人心」を読む方法はそれしかないのです。

利休七則④——夏は涼しく、冬は暖かに

夏に涼《りよう》を求め、冬に暖《だん》を求めるのは、人誰しも同じでしょう。ただし、涼、あるいは暖を感じるのは皮膚感覚、すなわち、触覚だけではありません。人間には視覚、聴覚、嗅覚、味覚、触覚の五感がありますが、そのどれもが涼も暖も感じとります。五感を全開にして、その工夫につとめなさい、というのがこの則で利休がいわんとしたことでしょう。

夏の涼、冬の暖ともにエアコンにおまかせというのが、この時代の人の一般的な考え方かもしれません。生活空間を快適にするだけなら、それで事足りるでしょう。し

かし、あまりにも利便至上主義に過ぎる、情緒の欠片《かけら》もない、という気がしませんか。せっかく五感が備わっているのに、もったいない話です。

夏の涼の工夫を考えてみましょう。玄関先や庭の打ち水。視覚でも涼しさが感じられますし、肌感覚（触覚）にも涼味が伝わります。また、風に揺れて鳴る風鈴の音を聞けば、聴覚から涼しさが入ってきます。

陽射しを遮る簾《すだれ》や葦簀《よしず》は涼しい空間づくりに一役買います。素材は竹や葦ですから、見た目も涼やかです。

水盤や水鉢に水を張って、緑の葉を一枚浮かべる。それを玄関の下駄箱の上にでも置けば、格好の「涼味発生装置」になります。昼間、外出から帰ったら、ちょっと指を入れてひんやり感（触覚）を味わうのもいいでしょう。

食事の際は切り子の器を使う。いかにも涼しげな切り子のグラスによく冷えた麦茶を注げば、視覚、味覚に涼しさが広がります。

嗅覚でいえば、アロマを炊くのもいいかもしれません。清涼感のある香りは空間全体に涼しさをもたらします。

冬の暖はどうでしょう。こちらは夏に比べれば工夫の余地が少ないかもしれません。それでも、厚手の陶器の器などを使うと、暖かみが伝わってきますし、可能ならカーテンやクッションカバー、カーペットなどを暖色系のものにすると、視覚でも暖かみを感じることができるのではないでしょうか。

いずれにしても、冷暖房「完備」という環境が工夫を忘れさせるのです。もちろん、それを手放す必要はありませんが、ときには「不備」をイメージしてみるのも意味のあることではないでしょうか。

「〜がなかったら」という発想は工夫の源泉です。そして、思いついた工夫をひとつでも、二つでも、生活にとり入れていく。たとえば、風鈴を吊してみるということでもいいと思うのです。

冷房の効いた部屋にいても、風鈴の「チリン」という音を聞けば、涼しさは耳でも感じられるということが実感できるはずです。その一事だけでも、利便性に慣れた、利便性にどっぷりひたった生活を見直す契機になりそう。

それは、きっと、生活を自分でつくっていくおもしろさに気づかせてくれるはずです。さあ、手づくり生活への一歩、踏み出しましょう。

利休七則⑤――刻限は早めに

茶会には始まりの刻限（定刻）が決められていたはずです。迎える亭主も招かれた客も、その刻限を守るのは大原則。少し「早めに」というのも常識のうちです。しかし、利休はそんな当たり前のことをあらためて則にしたわけではないのです。

茶会を催す、また、それに参加する、心のかまえ、心の態勢を早めに整えておく。それが利休のいいたかったことだと思います。

心のかまえができていると、ゆとり、余裕が生まれます。亭主、客の双方のかまえができていれば、茶会は落ち着いた空気のなかで、流れるように進行されます。茶室がすでに紹介した和敬清寂の空間になるのです。

現代人は総じて時間に追われた生活をしています。もちろん、物理的に時間に追われるということもあると思いますが、むしろ、心の余裕のなさが「追われている」という感覚の大本《おおもと》になっているのではないか、という気がするのです。

唐の時代に活躍した趙州《じょうしゅう》従諗《じゅうしん》禅師に次の言葉があります。

「汝は十二時に使われ、老僧は十二時を使い得たり」

十二時というのは一日二十四時間のことです。言葉の意味は、

「おまえさんは一日中時間に追われてしまっているが、わし（老僧）は時間を使い切っているのだ」

ということです。使い切るというのは、「主体的に時間を過ごす」ということでしょう。そこで重要なのが心の余裕です。たとえば、大切なプレゼンテーションでプレゼンターをつとめることになったとします。

プレゼンテーションに臨む前に、何度もシミュレーションを繰り返し、その場で出ることが想定される質問に対する答えも用意しておく。これがプレゼンテーションに対しての心のかまえができているということです。これなら、かりに、刻限ギリギリにその場に到着したとしても、余裕をもってプレゼンを進行することができるでしょう。主体的にその時間を過ごせる（使える）のです。

一方、ロクにシミュレーションをしていなかったらどうでしょうか。たとえ、プレ

ゼン開始の三十分前、一時間前にその場に着いていても、心のかまえができていませんから、余裕もなく、プレゼンが散々な結果に終わる公算は大です。こちらは時間に追われている図といえるでしょう。

利休のこの則は「心のかまえ（態勢）づくりは早めに」と読み替えることができるのではないでしょうか。いや、そう読むのが正しい、とわたしは考えています。

誰にも等しく与えられているかに思える時間も、心しだいで変容します。短くなったり、長くなったりする。希薄にもなれば、濃密にもなるのです。

利休七則⑥――降らずとも傘の用意

茶会は極上のおもてなしを提供する場です。始まったときが晴れ渡っていても、急変して、終わる頃には雨が降りしきっていることもあるでしょう。その際、

「まさか、このような天候になるとは思わなかったものですから、あいにく傘をご用意していなくて……」

ということでは、亭主の役割はつとまりません。まさかの事態、不測の事態、予期

せぬできごと……が起きるのが世の中です。できるかぎり、それを想定して、そうなったときに備えておかなければいけない、とこの則は教えています。

これは想像力の勝負といえるかもしれません。どこまで「まさか」を想像できるか。それによって備えのレベルは変わってきます。

おもてなしのケースで考えてみましょう。何人かを自宅に招いて食事をふるまうことになって、メニューを思い描く。

「ここは奮発して蟹にしよう。ちょうど旬の時期だし、蟹鍋をメインにしたら、きっと、みなさんに喜んでいただける」

蟹はとりわけ日本人が好きな食材です。しかし、苦手という人がいないわけではありません。招いたなかにたまたまそんな人がいたら、宴たけなわとなり、いよいよ蟹鍋登場の段になって、

「申し訳ありません。わたしは甲殻類がいただけなくて……」

という事態になります。その人にとってはメイン抜きの食事会になってしまうわけです。しかし、これは少し（もしかしたら、蟹が苦手な人がいるかもしれない、とい

う）想像力をはたらかせれば、防ぐことができる事態ではありませんか。招待の連絡をするときに、ひとこと、

「ところで、何か召し上がれない（お嫌いな、苦手な）ものはおありですか？」

と尋ねたら、この「まさか」の事態は回避できます。そのうえで、その人には別のメインを用意する。小鍋ですき焼きを出す、といった具合です。想像力によって必要な備えが明らかになるのです。

仕事の場面ではこんなことがあるかもしれません。

進めていたプロジェクトで、先方のプロジェクトリーダーが、突然、変わった。新リーダーはそれまでの進行の流れを知りませんから、プロジェクトは少なからず、停滞することになる局面です。

もちろん、先方ではしかるべき引き継ぎをおこなうはずですが、こちらがそれまでの流れを簡潔にまとめたレジュメをつくっておけば、引き継ぎもずっとスムーズにおこなわれるのではないでしょうか。

「これまでの流れをまとめておきました。こちらをご覧になってください」

とレジュメを渡された相手は、そのすぐれた備えに驚きもし、感謝をするに決まっています。「向こうのメンバーにはすごいやつがいる！」。そんな感想をもつかもしれません。

レジュメづくりは実際のプロジェクトの作業とは別の作業でしょう。しかし、「まさか」を見越してそこまで備えをしておくことに意義があるのです。卓越した想像力が可能にする、高度な備えといえるでしょう。

プロジェクトのメンバーとして、周囲と横並びの仕事をしていたのでは、相応のおもしろさ、充実感しかありません。そこから突出したら、出る杭になったら、おもしろさ、充実感は倍増、三倍増になります。

利休七則⑦——相客に心せよ

「相客《あいきやく》」とはその場に居合わせた客のことです。「心せよ」は気遣い、心配りを忘れるな、ということでしょう。茶の湯は形式、作法を重んじる世界ですが、芯にあるのは心です。おたがいに気遣う心、思いやる心がなかったら、深みも、奥行きもなくなり、薄っぺらな形式美だけの世界になってしまいます。茶室で時間と空間を共有しているということは、そこにいる人たちとの「ご縁」をいただいたということです。禅はご縁を大切にしなさい、と説きます。人は人生の間でいったい何人の人と出会えるでしょうか。状況や立場によって個人差はあると思いますが、人間関係が築かれる相手は、おそらく、ありあまるほどの数ではないはずです。

そうであれば、いただいたご縁は蔑《ないがし》ろにせず、真摯に受けとめていく必要があるのではないでしょうか。真摯に受けとめる最初の一歩は、ここで利休がいう「心する」こと。相手を気遣うこと、思いやることでしょう。

ふだんの生活でも、仕事を通して、あるいはプライベートで、ご縁をいただく機会が何度もあると思います。相手に対する気遣い、思いやりを土台に、そのご縁を大事に育てていきましょう。

その際に知っておいていただきたいのは、ご縁は連鎖していくということです。よいご縁を結ぶと、それが次のよいご縁を引き寄せる。さらにそれが次なるよいご縁につながる、という「法則性」があるのです。

たとえば、仕事でよいご縁ができ、その相手とおたがいに信頼し合える関係になったとします。すると、その人を通して、新たな仕事が入ってくることもある。

「じつはわたしの古くからの友人が、こんな仕事ができる人を知らないか、といってきたんだ。その分野はあなたが得意だよね。できたら、一度、彼と会ってみてくれないか」

　これが良縁の連鎖です。ただし、知っておかなければいけないことがあります。連鎖するのは良縁だけではないというのがそれ。悪縁もまた連鎖するのです。典型的なのが次のようなケース。

　知り合った相手にギャンブルに誘われ、その誘いに乗る↓ギャンブルの場で別の知り合いができ、あらたな誘いを受けてほかのギャンブルにも手を出す↓そんなことの繰り返しで、どんどん深みにはまる↓借金でにっちもさっちもいかなくなる……。

　悪縁の連鎖は人生を誤らせることにもなります。禅では最初に縁を結ぶことを「縁起」といいますが、いちばん注意が必要なのはその時点かもしれません。良縁は迎え入れ、悪縁は避ける。当然のことですが、それが鉄則です。

そのためには、自分自身の目で相手の人間性、人柄をたしかめるということしかありません。そのうえで大切なのは、「彼はものすごく面倒見のいい人だよ」「彼女の誠実さは太鼓判を押すわ」「あんなに人を思いやれる人は滅多にいない」……といった周辺情報は「?」をつけて受けとめることです。

もちろん、そうした情報がすべて間違っているとまではいいませんが、信頼に足るのは、やはり、自分の目と感覚です。情報を鵜呑みにしてしまうと、目がくもりますし、感覚が鈍ります。

「求朋須勝己」（ともをもとむれば　すべからくおのれにまさるべし）

この禅語の意味は、友人をつくるときは、自分よりまさっているところがある相手を選びなさい、ということです。縁を結ぶ相手を選ぶ場合も同じでしょう。どんなところでもいいのです。

「あの人の周囲に対する気配りはすばらしい」

「彼女の奥ゆかしさが素敵。見習いたい」

「立ち居ふるまい（言葉づかい）の美しさは感動的なレベル」

「少しも出しゃばらないのに、すごいリーダーシップを感じる」

「すばらしい」「素敵」「美しい」「すごい」……。自分の目、そして感覚がそうした要素をキャッチしたら、その人は縁を結ぶにふさわしい相手だといっていいのではないでしょうか。もちろん、これはひとつの目安ですから、あくまで自分の目、感覚でじっくりその人を吟味しましょう。


「利休七則」の活かし方は無限にあると思います。ここで述べたのはそのほんの一例に過ぎません。それぞれが七則をしっかり胸に受けとめ、自分がいま置かれている状況のなかで、活かし方を考え、それを実践して、成長につなげていってください。人の「のびしろ」もまた、無限なのです。

第3章

食も、健康も、死に方も、「足る」を知る

「足りない」ことを楽しんでみる

京都龍安寺には「蔵六庵」と呼ばれる茶室があります。その露地に据えられたつくばい（手水鉢）の表面には四つの文字が刻まれています。「五」「隹」「疋」「矢」がそれ。つくばいの中央には水をためる四角の穴が穿《うが》たれていて、これを「口」に見立てることで、四つの文字はそれぞれ「吾」「唯」「足」「知」と読めるのです。

「吾唯足知《われただたるをしる》」

われただたるをしる。「足るを知る」、すなわち「知足」という考え方は、お釈迦様がおっしゃったものです。お釈迦様が入滅《にゅうめつ》される前に説いた教えをまとめた『遺教《ゆいきょう》経《ぎょう》』（正式には佛垂般涅槃略説教誡経《ぶつしはつねはんりゃくせつきょうかいきょう》）という経典に次の意味のことが記されています。

「知足の人は地上に臥すと雖《いえど》も、安楽なりとす。不知足の者は、天堂に処すと雖も、亦《また》意に称《かな》わず。不知足の者は、富めりと雖も而《しか》も貧し」

その意味は次のようなことになります。

足ることを知っている人は、地面に寝るような暮らしをしていても、心は安らかで幸せを感じている。足ることを知らない者は、天にある御殿のようなところに住んでいても、思いが満たされるということがない。足ることを知らない者は、どんなに裕福であっても心は貧しい。

足ることを知るとは、「いまあるもので十分だ。それだけでありがたい」という心でいること、その心をもって生きること、だといっていいでしょう。

人には欲というものがあります。あれが欲しい、これを手に入れたい、という思い。それはものにかぎったことではありません。地位や肩書き、名誉や称号といったかたちがないものに対しても、欲しいという思いをもつのが人間です。

これはとてもやっかいです。なぜなら、その思いを叶えたとしても、欲しいものを手に入れたとしても、そのそばから次の欲にとらわれるからです。たとえば、欲しかったブランドのバッグを買ったとします。

その瞬間は心が満たされるでしょう。しかし、満足感は長くはつづかない。今度は靴が、洋服が、アクセサリーが……欲しくなるわけです。その繰り返しで、どこまでいっても欲しいという思いが消えることはないのです。

お釈迦様はこんなこともおっしゃっています。

「人間の欲望というものは、たとえヒマラヤの山を黄金に変えたところで、満たされることはない」

際限なくふくらんでいく、広がっていくのが欲なのです。しかし、際限なく欲を満たすことなどできるわけがありません。そこで、手に入らないことが悩みにも、苦しみにもなってくるのです。そこから逃れる「すべ」が、すなわち、足るを知る心です。

知足でいるためのひとつのヒントは「時間」、より正確にいえば「インターバル(間合い)」にあります。何かを欲しいと思っても、すぐには買わない。いったんその欲しいという思いをもち帰るのです。つまり、インターバルをとる。

自宅に戻って冷静になると、欲しいと思ったものが、ほんとうに必要なのか、あったらいいな、というものなのか、当面必要のないものなのか、を正しく判断することができます。多くは後者二つのどちらかでしょう。そこでこんな気持ちが湧いてもくる。

「いまあるものでいいじゃないか！」

ものはどんどん進化していきますから、あったらいい、あると便利だ、というものが世の中にはあふれています。そんななかで、いまあるものにこだわってみる。すると、別の楽しさに気づくのではないかと思うのです。

たとえば、ワインのコルクを抜くということでも、いまは機能性にすぐれたワインオープナーがいくらでもあります。それを使えば誰でも簡単に栓が抜ける。一方、シンプルなメカニズムのワインオープナーは、使いこなすのにそれなりの年季と技術が必要でしょう。しかし、そのぶん使いこなす楽しみがあると思いませんか。

「こいつ（ワインオープナー）とのつきあいも、もう十年になるか。すっかり手に馴染んできたなぁ」

機能性に劣るところをわが「年季と技術」でカバーするというあたり、けっこう、楽しいじゃないですか。

「足るを知る」ということは、「足らざるを楽しむ」ことにつながります。

食事の「不足」が長寿につながる

禅の修行が厳しいものであるという印象をもっている人は多いかもしれません。たしかに、厳しさは想像を超えます。なかでも、修行に入った当初、いちばん耐え難いと感じるのは食事です。

修行中の食事は精進料理。肉、魚（目、鼻、口があるもの）はいっさい食べることができません。味噌汁や煮物の出汁《だし》にも煮干し、カツオ節は使いませんから、ここは徹底されています。

もっとも、精進料理であることは入門前から承知していますから、それが耐え難いということではありません。耐え難いのは量です。とにかく、少量、質素。新米の雲《うん》水《すい》（新到《しんとう》と呼ばれる修行僧）の前に最初に立ちはだかるのは「ひもじさ」の壁といっても、けっして過言ではないと思います。その献立は以下のようなものです。

「小食《しょうじき》」と呼ばれる朝食は、一杯（おかわりも可）のお粥が主食。おかずはゴマと塩を一対一の割合で炒ったゴマ塩、そして香菜（漬け物）少々だけです。

「点心《てんじん》」は昼食のことですが、麦を混ぜたごはんと香菜、味噌汁がその全内容です。「薬石《やくせき》（夕食）」は、点心に別菜として大根やがんもどきの煮たものなどがつきますが、ひもじさを癒やしてくれるとは、到底、いい難い量です。

足りないことこの上なし。不足のきわみといってもいいのが修行中の食事なのです。当然、ひもじさに苛《さいな》まれますが、身体的にも影響が出てきます。例外なく体重がグッと減る。修行に入ってから一か月ほどで、全員が十キロ～十五キロほどの体重減となります。栄養失調か脚気《かっけ》の症状もあらわれます。

ところが、三か月もすると、ひもじさが和らいでくるのです。医学的なたしかなことはわかりませんが、おそらく胃が縮んで少量でもなんとかもちこたえられるようになるのでしょう。また、質素な食事からできるだけ栄養をとり込もうとして、消化吸収の効率が高まるからでしょうか、体重もかなり戻ってきます。

この頃になると、驚くような変化もあります。坐禅をしているときなどに、頭が冴えわたった感覚になるのです。少量しか食べないことで、消化器をはたらかせるためにそこに送られる血液の量が少なくてすみ、そのぶん脳に送られる血液の量が増えて、脳が活性化されるからだと思われます。

もうひとつ、こちらは理由は定かではありませんが、肌が白くつややかになる、という変化も起こります。不足のきわみである修行中の食事ですが、それは「いいこと」をもたらしてくれるものでもあるのです。

もちろん、修行中の食事をそのまま日常生活にもち込むことには無理があるでしょう。過度な量の制限は活動に支障をきたしますし、体調をいい状態に保つうえでもマイナスです。しかし、「いいとこどり」はできるのではないでしょうか。

たとえば、週のうち朝食三回をお粥にするのです。お粥は消化がきわめてよく、消化器にかかる負担が大幅に軽くなります。前述したように、脳の血流がよくなって頭は冴え冴え。仕事に入るための、申し分ない態勢が整うわけです。

週に一度「精進料理の日」をつくるというのもいいかもしれません。現代人の食生活は高たんぱく・高カロリー食に傾いています。それが生活習慣病の原因にもなっています。「肉、魚なし、野菜のみ」の食事は悪しき傾向に歯止めをかけることになりますし、それをつづけることは長寿にもつながっていくのではないでしょうか。
事実、僧侶は長寿である、というデータもあるようです。修行を終えたら、食事は自由にしてかまわないのですが、修行で身についているからか、飽食、暴飲暴食するという僧侶はほとんどいません。ちなみに、わたしも肉はあまり食べませんし、お酒もほとんど嗜《たしな》みません。

名前をよく知られた歴代の高僧の方々は、当然、修行中の食事に準じた節度ある食生活をしておられたのだと思います。とにかく、長寿の方が多いのです。その一部を紹介しておきましょう。

江戸時代以前……法然上人（浄土宗・八十歳）、親鸞聖人（浄土真宗・九十歳）、一休宗純禅師（臨済宗・八十八歳）、白隠慧鶴《えかく》禅師（臨済宗・八十四歳）、天海僧正（天台宗・百八歳＝ただし、生年不詳）

明治期以降……山田無文《むもん》老師（臨済宗・八十九歳）、大西良慶《りょうけい》師（北法相宗・百九歳）、山田恵諦《えたい》師（天台宗・百歳）、松原泰道《たいどう》師（臨済宗・百三歳）、宮崎奕保《えきほ》禅師（曹洞宗・百八歳）

健康長寿は、ますます加速する高齢化社会の最重要課題です。禅の食事、すなわち「不足のきわみ」を日常生活に上手にとり入れて、活力あふれる老後、矍鑠《かくしゃく》たる晩年の人生を紡いでいきましょう。

食事を「心」でいただく

日本では食事の前に手を合わせて、「いただきます」というのが慣習的な作法になっています。英語には「いただきます」にあたる表現はありません。つまり、これは日本独特の作法ということになります。

では、何をいただくのでしょう。目の前に並んだ食事であることはもちろんですが、「いただきます」にはそれ以上の意味があるのです。命をいただく。食材はどれも生きていたものです。肉も魚もそうですし、野菜や果物も収穫される前には生きていたわけです。命が脈々と流れていた。

わたしたちはその命をいただいて、自分の命を長らえているのです。心からの感謝を込めて、「いただきます」をいうのは、当然あってしかるべき配慮でしょう。

食事はその（感謝の）心で、その心を添えていただくのが、いわば「礼儀」というものです。

禅は食事を大切なものと考えています。とりわけ、道元禅師は食を重んじ、『典座《てんぞ》教訓《きょうくん》』『赴粥飯法《ふしゅくはんぽう》』という食に関する書物も著しています。

修行中は食事の前に必ず短いお経を唱えます。『五《ご》観《かん》の偈《げ》』がそれです。以下に紹介しておきましょう。

一つには、功《こう》の多《た》少《しょう》を計《はか》り、彼《か》の来処《らいしょ》を量《はか》る
二つには、己《おのれ》が徳行《とくぎょう》の全欠《ぜんけつ》を付《はか》って供《く》に応《おう》ず
三つには、心《しん》を防《ふせ》ぎ過《とが》を離《はな》るることは、貪等《とんとう》を宗《しゅう》とす
四つには、正《まさ》に良薬《りょうやく》を事《こと》とするは、形《ぎょう》枯《こ》を療《りょう》ぜんが為《ため》なり
五つには、成道《じょうどう》の為《ため》の故《ゆえ》に、今此《いまこ》の食《じき》を受《う》く

意味は次のようなことになります。

一、いま目の前にある食事には、どれほどたくさんの人の手がかかっているかを思い、その「お蔭様」に感謝していただきます。

二、このありがたい食事をいただくのに自分はふさわしいのか、そのことを考え、おこないを反省していただきます。

三、心を正しく保ち、過ちをおかさないために、貪りなどの三毒をもっていないか、それを問いかけながらいただきます。

四、身体も心も健やかに養い、修行をつづけていくための良薬としていただきます。

五、道を成すため、悟りにいたるために、いま、この食事をいただきます。

このうちいちばん心に刻んでおいて欲しいのは「一」、たくさんの人の手がかかっているという部分です。禅では「百人の人のお蔭様」といったりしますが、それほど大勢の人が役割をはたしてくれた結果、わたしたちは食事をすることができるのです。それなしでは一粒の米さえ口にすることはできません。

食材を生産する人、その流通にかかわる人、小売りに携わっている人……。もちろん、食事をつくってくれる人の「お蔭様」も忘れてはいけません。そう考えると、感謝すべきは食材の命だけではないことに気づきます。

「お蔭様」をいただいている人たちすべてが感謝の対象です。「いただきます」にはそのぶんも心を込める必要があるでしょう。

感謝の心で食事をするようになると、一つひとつの料理をしっかり味わって食べるようになるでしょうし、もちろん、残すこともなくなるはずです。料理が残るのはつくりすぎるからです。その結果、残った料理を捨てることにもなる。それは命を粗末にしていることにほかなりません。

そのことに思いを馳せてください。適切な量をつくって食べ切る。それが食事の鉄則です。適切な量の目安は「腹八分」です。量をそこでとどめておけば、「もったいないから」と無理におなかに詰め込むこともなくなります。過食が健康の大敵であることはいうまでもないでしょう。

食事をおいしくいただくコツは、食べ終わったときに「もう少し食べたいな」という気持ちになることだともいわれています。わずかに「不足感」があるのがいいのです。実際、「もう満腹。これ以上食べられない」という状態では、せっかくのおいししさも半減してしまうのではないでしょうか。

食事についていっている禅語があります。

「喫《きっ》茶《さ》喫《きっ》飯《ぱん》」

お茶を飲むときはただ飲むことに集中し、食事をいただくときはいただくことだけに一生懸命になりなさい、というのがその意味。さあ、ふだんの食事でそうできているでしょうか。テレビを観ながら、新聞に目を通しながら、スマートフォンやパソコンをチェックしながら、といったことになっていませんか。

そうした「～ながら」食べでは料理の味わいなどわかりません。食材にもつくってくれた人にも失礼です。まず、それをやめる。そんなところから食事を見直してみるのがいいかもしれません。

食材は無駄にせず、すべて使い切る

禅寺で食事の賄いをする僧を「典《てん》座《ぞ》」といいます。先に述べた道元禅師の『典座教訓』は、典座が心得ておくべきことを記したものですが、そのなかに次の一文があります。
「米をといだ白水であっても、気にもとめないで捨てるようなことがあってはならない。昔から、白水をこす袋を備えておいてこれに白水を入れ、たとえ一粒の米でも無駄にしなかったのである」

米のとぎ汁に紛れ込んでいる一粒の米も大切に扱わなければいけない、と道元禅師は説いています。もちろん、米にかぎらず、あらゆる食材について同じことがいえます。食材のすべてを使い切ること。それが、食に対する禅の考え方の基本といっていいでしょう。

たとえば、大根でも白い根の部分は使っても、葉っぱは使い途に困るということになっていないでしょうか。しかし、葉っぱは使い勝手がよい食材です。そのまま味噌汁の実にしてもいいですし、炒め物や煮物にするのもいい。塩もみをすれば歯ざわりのよい浅漬けができあがります。

まず、捨ててしまうのがしっぽの部分でしょう。しかし、これもよく乾燥させて出汁をとる際に入れると、なかなかいい味を出してくれます。

皮にも活躍の場があります。細切りにしてニンジンの皮といっしょに炒めれば、日本の伝統食であるきんぴらが完成。皮の部分は栄養価が高いですから、捨てるのはもったいない、もったいない。

余った部分は躊躇なくぬか床に放り込む。ぬか漬けは日本食には欠かせない一品ですし、発酵食品ですから腸内環境を整え、腸の活性化を促してくれます。

食材を無駄にしないという発想は、生き方にもつながるような気がします。人は日々、さまざまな経験をします。楽しい経験、うれしくなる経験もあれば、逆につらい経験、気持ちが沈む経験もあるでしょう。

それらを選別してはいませんか。つまり、好ましい経験はいつまでも心にとめておく一方で、好ましくない経験は忘れようとしたり、封印してしまったり、ということがないでしょうか。

それは食材の一部を無駄にするように、経験を無駄にしていることだと思うのです。経験は生きる糧になるといいますが、糧になるのは好ましい経験だけでしょうか。そうではないでしょう。

つらい経験が人にやさしくすることの大切さを教えてくれたり、悲しい経験が人の悲しみに寄り添える自分にしてくれたり、といったことはよくあることです。好ましくない（と思い込んでいる）経験もすぐれた糧になるのです。

どんな経験も、そのまま真っ正面から受けとめることです。うれしいことはおおいに喜ぶ、悲しいことはとことん悲しめばいいのです。それが経験を一つひとつ確実に糧にしていく唯一の方法です。こんな禅語があります。

「日日《にちにち》是《これ》好日《こうにち》」

その意味は、どんな日もよい日である、ということではありません。天候に晴れや曇り、雨や風、嵐や雪の日があるように、日ごとにいろいろなことが起こるでしょう。しかし、そこで経験したことは、その日に自分にしかできなかった、かけがえのないものなのです。

かけがえのないものをもたらしてくれた日。どんな日であってもそれは「好日」と呼べるのではありませんか。

心が晴れやかになる経験も、心がペシャンコになる経験も、等しく大事なものとして受けとめていく。それが経験を無駄にしないことであり、経験を糧につなげることであり、また、人生をいきいきと、みずみずしく、生きることでもある、と思っています。

どうにもならないことは、無頓着でいい

人は誰でも不安に駆られたり、悩みに押し潰されそうになったりすることがあるはずです。不安も悩みも、いってみれば、生きている証ですから、生きているかぎり、それらがなくなることはありません。

ただし、どうでもいい不安や悩みに振りまわされるのはつまらないことです。不安については、禅にこんなエピソードがあります。禅宗の始祖である達磨大師と二祖となった慧可《えか》和尚に関するものです。

達磨大師のもとにやってきた慧可がこう尋ねます。

「わたしはこれまで仏典を学び、修行もしてきましたが、どうしても不安を断ち切る

ことができません。どうか、わたしの不安をとり除き、安心を与えてください」

達磨大師はこう応じます。

「それなら、おまえがいう〝不安な心〟とやらをここにもっておいで。そうしたら、おまえを安心させてやろう」

慧可は必死になって不安な心を探します。しかし、いくら探しても見つかりません。慧可は再び達磨大師のもとに赴いてそのことを告げます。

「不安な心を探したのですが、どこにも見つかりません」

その慧可に達磨大師はこういいます。

「ほら、おまえの心を安心させてやった」

最後の言葉で達磨大師のいわんとしたのはこういうことです。

いくら探しても見つからないのは、もともと不安などというものには実体がないからだ。自分の心が勝手につくり出しているに過ぎないのである。そのことに、つまり、見つからないことに、実体がないことに気づいたら、すなわち、それが安心なのだ。

これは「達磨《だるま》安心《あんじん》」という公案のもとになっているエピソードですが、不安や悩みの「正体」を的確にいいあてているといっていいでしょう。不安も悩みも、じつは自分の心がつくり出しているのです。

不安を抱くのは将来、未来に対してです。

「このご時世ではいつまで仕事がつづけられるかわからない。家族のいまの生活を維持していけるだろうか？」

「いずれ親の介護の問題が起きてくるだろう。きょうだい間で押しつけ合いになったりしたらどうしよう」

「子どもが引っ込み思案で心配。このままで社会生活に適応できるのか？」

いずれも先のことを見越して、不安になっています。しかし、将来どうなるか、未来に何が起きるかは、誰にもわからないのです。不確実性のなかにあるのが将来、未来です。そのわからないことに対して、手の打ちようがあるでしょうか。何かできることがありますか。

ありません。わからないことは、いくら不安を感じようが、悩もうが、どうしようもない。どうにもならないのです。禅はこう教えます。

「どうにもならないことは放っておきなさい」

そう、どうにもならないことには頓着しない、無頓着でいるのがいちばんいいのです。頓着することで、自分が不安をつくり出してしまう。仕事がつづけられなくなった自分を想像して、親の介護をめぐっていがみ合っているきょうだい間を思って、社会に適応できなくなった子どもに頓着して……不安になるわけでしょう。

不安は想像の産物、思いの産物、頓着の産物です。そこに実体はありません。いい替えれば、現実にはなっていないのです。そして、人が何かできるのは、いま、目の前にある、現実に対してだけです。

「即今《そっこん》、当処《とうしょ》、自己《じこ》」

この禅語を知ってください。たったいま、その瞬間に、自分がいるその場所で、自分自身ができることを精いっぱいやっていく、そのことが大切である、という意味です。

たとえば、仕事をつづけられなくなった自分を想像するのではなく、「いま」自分がやるべき仕事に全力でとり組む、いがみ合うきょうだい間を思うのではなく、「いま」親の介護についてきょうだい間で話し合うことを提案する、子どもの将来に頓着するのではなく、「いま」子どもを誘っていっしょに外の世界（世間）に触れる……などなど、できることはいろいろあるはずです。

こんな言葉もあります。

「人はきのうにこだわり、あすを夢みて、きょうを忘れる」

過去にとらわれたり、未来に頓着したりするから、いまが疎かになるのです。できること、やるべきことは、いまにしかないのに、そのことに全力を注げなくなる。ひたすら注力すべきはいま、いましかありません。

将来、未来は不確実、不透明ですが、それがどのようなものであっても、常に「いまを精いっぱい」で臨んでいれば、怖いものなし。そこに、楽しさも、おもしろさも、必ず、見出すことができます。

おなかから声を出す

わたしは毎朝、四時半には起きます。それからすべての窓を開け放って各部屋の空気を入れ換え、寺の門を開けます。その後、朝のお勤めになるわけですが、その際の読経が「健康法」になっているのではないか、と思っています。

読経ではおなか（丹田《たんでん》＝おへその下、約七・五センチ）から声を出します。そうしないとよく通る声にはならないのです。おなかから声を出すには姿勢を正しくしなければなりません。

腰（骨盤）を立て、背骨を真っ直ぐ伸ばす。少しそっくり返るような感覚がするかもしれませんが、それが頭のてっぺんと尾てい骨が一直線上に位置している正しい姿勢なのです。読経のときは正座ですが、足を結跏趺坐《けっかふざ》というかたちに組んでおこなう坐禅でも、上半身の姿勢はまったく同じです。

前屈みの姿勢でいると、内臓が圧迫されて負担が大きくなります。内臓にいちばん負担がかからないのが正しい姿勢です。

声もよく響きます。そのときの呼吸は深く、ゆっくりしたものになっています。酸素が十分にとり込まれる呼吸です。その結果、全身の血のめぐりがよくなる。おなかから大きな声を出すと、身体があたたかくなってくるのはそのためです。

血流のよさは健康であるために欠かせない条件でしょう。読経が健康法になっている所以《ゆえん》がそこにあります。

一般的な日常生活とお経は縁がないと思われているかもしれませんが、朝、仏壇の前で『般若心経《はんにゃしんぎょう》』をあげているという人は、案外、少なくないのです。『般若心経』は二六〇字余りの短いお経ですから、生活にとり入れるのもそれほど難しいことではないと思うのですが、いかがでしょうか。

もちろん、お経でなくてもかまいません。おなかから声を出す習慣をもつことは、健康上とてもよいことだと思います。気に入った詩や文章の一節を音読する、その日のスケジュールを声に出して確認する、歌をうたう……。何か自分に合ったものを見つけたらいかがでしょう。

声を出すことを習慣にしていると、それがその日の健康状態を知るバロメーターになります。わたしの場合がまさにそうなのですが、日によって声の出方が違うのです。体調がいいときは部屋中に響くような声が出るのに対して、体調が思わしくないときはくぐもったような声になるのです。

体調がわかれば、その日の行動調整ができます。

「きょうは調子がいいから、少々、がんばっても大丈夫だな」

「体調がイマイチだから無理をしないように心がけよう」

といった具合。体調に合わせた動き方をすることで、大きく健康を損なうことがなくなります。

「朝、声を出す習慣ね。たしかにいいと思うが、ちょっとハードルが高い気がする」

そんな人もいるでしょう。「入門編」もあります。手始めに大きな声で挨拶することを家族間の朝のルールにするのです。かつての日本では祖父母、両親、子どもたちという三世代が同じ家に暮らすというのがふつうでした。


その時代の朝は、「おはようございます！」「おはよう！」という元気な声が飛び交っていたものです。挨拶はしつけの基本中の基本だったからです。しかし、時代を経たいま、核家族化が進み、しつけは蔑《ないがし》ろにされ、家族間でも挨拶を交わさない、という家庭が増えているように感じます。

かつての姿をとり戻すべきでしょう。家族間に新しいルールをつくることで、家庭の空気は変わります。慣れ親しんで（馴れ合って）いるゆえにどこか停滞した空気感に、清々しい風が吹き込みます。

感情を頭に上げない

禅僧に対しては次のようなイメージがあるようです。

ものごとに動じない。感情を露わにせず、いつも穏やかな雰囲気を湛《たた》えている……。過分な評価という気もしますが、たしかにそうした面はあるのかもしれません。ひとことでいえば、「修行の成果」ということだと思います。

禅の修行が厳しいという話はしました。その厳しさをくぐり抜けることで、少しは腹ができる。感情のコントロールが効くようになるのです。もちろん、禅僧であっても、喜怒哀楽の感情は当たり前に湧きます。そこは一般の人と少しも変わりません。

違うのはそのあとでしょう。禅ではこんないい方をします。

「感情を頭に上げない」

たとえば、誰かの言葉にカチンとくる。そこからの展開は次のようになります。

「こいつ、どういうつもりでこんなことをいうんだ。明らかに悪意があるじゃないか。だったら、こちらも反撃しなきゃ。よ〜し」

これが、怒りの感情を頭に上げるということです。そして、「倍返しだ！」とばかり、相手の言葉を上まわるような悪口雑言をぶつけることになるのです。いわゆる、売り言葉に買い言葉、という状況です。相手と同じ土俵に立って、がっぷり四つに組んでしまう。これでは収拾がつかなくなります。おたがいが捨て台詞を吐き合い、気まずくその場を離れる、というのがおそらくは結末でしょう。

一方、カチンときたらひと呼吸おく。それが頭に上げないためのポイントです。その間に、文字どおり、おなかから「深い呼吸」を数回繰り返します。怒りのピークは六秒間ともいわれますから、呼吸をしている間にピークは過ぎ去ってしまいます。怒りは頭に上がらずに、腹におさまるのです。

そのときの相手とこちらの構図はこうです。相手はすでに土俵に上がって、こちらが上がってくるのを待っているわけです。しかし、こちらはいっこうに上がる気配を見せない。そこで相手は独り相撲をとっている滑稽《こっけい》な自分に気づくのです。その後どうなるかは明らかでしょう。相手はスゴスゴ引き下がるしかありません。

感情を頭に上げてしまうと、それにいつまでも引きずられることになります。なかなか冷静な自分になれない。ここで竹を思い浮かべてください。一本はしなやかな竹、もう一本はしなやかさを失った竹です。

しなやかな竹は、風が吹けばその方向にたわみますが、風がやめばすぐさまもとの位置に戻ります。しかし、しなやかさを失った竹は戻るまでに時間がかかります。感情を頭に上げない人がしなやかな竹、上げてしまう人がしなやかさを失った竹です。

感情が衝《つ》きあげてきたら、深い呼吸をして間をとる。このことをいつも心がけておきましょう。その繰り返しがしなやかさを鍛えていきます。禅がめざすべき心の在り様をいった次の禅語があります。

「八風《はっぷう》吹《ふけども》不動《どうぜず》」

八風とは人生のなかで吹く風、生きているそこここでさらされる状況のこと。以下の八つがそれです。

「利《り》（利益）」「誉《よ》（誉れ）」「称《しょう》（称賛）」「楽《らく》（楽しみ）」「衰《すい》（衰え）」「毀《き》（けなし）」

「譏《き》（そしり）」「苦《く》（苦しみ）」。

前の四つはよい風、つまり順風といえますし、あとの四つは逆風といえるでしょう。人生ではこれらの風がいつ吹くかわかりません。利益に恵まれている状況が一転してそしりを一身に浴びる状況に変わったり、称賛のなかにいたはずが、急に苦しい状況に転じたり、といったことは珍しいことではありません。

もちろん、反対に逆風が順風に変わることもあるわけです。

禅語はどんな状況にあっても、心が動じてはいけない、といっています。とくに逆風に吹かれているときは、心が縮こまったり、へたったりしそうです。そこで支えになるのは心の「しなやかさ」でしょう。

逆風が吹きすさぶなかにいても、しなやかな心があれば、いたずらにそれに翻弄されることはありません。うまく受け流しながら、やり過ごし、さらには逆風さえ楽しむことができる。つまり、逆風を自分が成長するための「試練」と受けとめられるのです。

「ここを乗り切ったら、人間としてひと皮向けるぞ。気合いが入るなぁ」

といった受けとめ方です。穏やかな風だけが吹く人生などありませんし、そんな人生はつまらないと思いませんか。いつ、どこで、どんな風が吹くかわからないから、人生は味わい深いのです。

吹く風を自由に、悠々と孕《はら》んで、楽しんでいく。しなやかな心、鍛えましょう。

死ぬときには、死ねばいい

この世に生を受けた人すべてに共通しているのは、誰もが必ず死ぬということです。どれほど財力や権力があろうと、そのことだけは避けられない。ここから少し「死」について考えてみることにしましょう。

昔の日本では、死は身近なところにあったように思います。自宅で死を迎える人がほとんどでしたし、大家族で生活するのが一般的でしたから、両親も子どもたちも、死を迎えようとする祖父、あるいは祖母の看病にも携わり、臨終を間近で看取ることができたのです。

しかし、いまは病院で死を迎えるケースが圧倒的に多いのだと思います。病院から連絡を受けて駆けつけたら、ときすでに遅し。死に目に会えなかったということも、けっこうあると聞きます。

表現に穏当を欠くかもしれませんが、看病も、看取りも「病院まかせ」ということが増えてきているような気がします。死は遠いものになっています。

そんななかで、死を急に身近に感じるのは、自分の親を送ったときだといわれます。それも、男性は父親を、女性は母親を送ると、自分の死を考えるようです。もちろん、根拠があるわけではないのですが、漠然と同性の親の年齢までは生きていたい、生きていよう、生きていられる、といった思いがあるのでしょう。

ところで、禅では生から死までの間、一般には「寿命」といわれる期間をいうのに、別の表現を使います。「定命《じょうみょう》」がそれです。文字どおり、命の期間（長さ）は生まれたときから定まっている、と考えるからです。

「定まっているといったって、事故や災害による不慮の死、思わぬ死もあるじゃないか。それは定命が途中で断ち切られることではないか」

おそらく、多くの人がそう思うのでしょう。しかし、事故や災害による死であっても、禅では定命が尽きたとするのです。そうはいっても、九十歳、百歳で定命が尽きる人もいれば、五歳、十歳で災害などに遭って定命が尽きてしまう人もいるのは、やはり、不公平感、不条理感が否めないと思われるかもしれません。

不公平、不条理と感じるのは、命は「長い」ほうがいい、もっといえば、長く生きるなかで価値や意義が備わってくる、という思いがあるからではないでしょうか。しかし、禅は命の価値や意義は長さとはまったくかかわりがない、と考えます。

禅が見つめるのは、「たったいまの命」です。その瞬間の命をどう生きているか。大事なのはそれだけです。九十歳を生きている人も五歳を生きている人も、与えられているたったいまの命は同じ。変わりはありません。

それを一生懸命生きたら価値も意義もありますし、いい加減に生きたら価値も意義も薄いものになるのです。前者であれば五歳で定命が尽きても、価値も意義もある人生ですし、後者は百歳まで定命がつづいたとしても、価値も意義も薄い人生なのです。

人生のどのステージ、どんな状況にあっても、たったいまの命を一生懸命に生きる。それしかやるべきこともできることもありません。定命が尽きるその瞬間までそうして生きて、あとはおまかせしていたらいいのです。

自分がいつ、どのようなかたちで死ぬのか、それを知るすべはありませんし、死に方を自分で決めることもできません。死はどうにもならないことの最たるものです。前にお話ししたように、どうにもならないことは放っておいたらいいのです。良寛さんにこんな言葉があります。

「死ぬる時節には死ぬがよく候」

死ぬときがきたら、死んでいけばいいのだ、と良寛さんはいっています。従容《しょうよう》として死を受け容れる、ということだと思います。心にその受け容れ態勢をつくるのは、たったいまの命を一生懸命に生きることの積み重ねでしょう。

「もうちょっと一生懸命やればよかった」

「やり残したことがずいぶんある」

そんな思いがあったら、生に対する未練も執着も生まれそうです。従容たる死は遠ざかるばかりです。もちろん、それぞれの一生懸命でいい。百人いれば百通りの一生懸命、千人いれば千通りの一生懸命があります。

また、一人にフォーカスしても、自分が置かれる状況はさまざまに変化するでしょう。どんな人生にも紆余曲折があります。順風満帆のときもあれば、失意のどん底ということがあるかもしれない。災難に見舞われたり、病気になったりすることもあって当然です。

しかし、どんな状況でも一生懸命やることはできます。失意の自分で、病気の自分で、一生懸命やったら、それでいいのです。そして、死に際して、

「そのときどきで自分なりにがんばってきた。まあまあ、いい人生だったんじゃないかな」

そんなふうに思える。あとは死ぬがよく候、従容として死んでいくだけです。幕臣として官軍側の西郷隆盛と談判し、江戸城無血開城をなし遂げた、勝海舟の臨終の言葉とされるものがあります。

「コレデオシマイ」

なんか、いいじゃないですか。

思いっ切り泣いて、死を受けとめる

両親、きょうだいをはじめとする近親者の死。人生のなかでもっとも深い悲しみに包まれるのは、それに直面したときではないでしょうか。その際、送る身として周囲に対しては気丈にふるまわなければいけない、と考えるかもしれません。

実際、葬儀の席で必死に涙を堪えている遺族の姿は、たしかに立派ですし、感動を呼び起こすものでもあるでしょう。しかし、わたしは悲しいときには思いっ切り涙を流してかまわない、と思っています。

悲しむだけ悲しんで、そこからは前に進む。それが大事です。遺族としていちばんに心がけておいていただきたいのは、故人をいつまでも忘れないことです。仏教には「人の死は二度ある」といういい方があります。

一度目の死は、いうまでもなく、定命が尽きたときです。そして、二度目の死は、遺族や近親者、生前親しくしていた友人、知人たちの心のなかから、故人の存在が消えてしまったときです。

何年経っても、折りに触れて故人の存在を感じる。親しい人がそんなふうにして生きている間は、二度目の死が訪れることはありません。故人はいつまでも残された人びとの心のなかで生きつづけるのです。

故人を送ってしばらく経ち、気持ちが落ち着いたら、故人の人生を思い返してみるのがいいかもしれません。自分にとって故人はどんな存在であったのか。一人でじっくり考えるのです。

心に刻まれているものが必ずあるはずです。語った言葉であったり、ふるまいであったり、自分が感じた思いであったり……。なかには、そのときはわからなかったのに、思い返してみることで気づくこともあるでしょう。

「あのときいわれたあの言葉は、そうか、そういうことだったのか」

「あのときは寂しい思いがしたけれど、そうじゃなかったんだ。いまになって深い愛情がわかる」

自分にとってどんな存在であったかをたしかめることで、心のなかのその人が確固たるものになります。必要なときには「対話」ができるといってもいいでしょう。人生には判断や決断をしなければならない局面が何度となくあります。

そんなときに心に刻まれているその人の言葉やふるまいがヒントになることは少なくないと思うのです。また、その人の生きざまが迷いを吹っ切ってくれることもあるでしょう。

「あんなふうに生きた父（母）だったら、こんなときどちらの道を選ぶだろうか。きっとこちらだな。よし、決めた。こちらで突き進もう」


禅語にこんなものがあります。

「如在《によざい》」

おわすがごとく。その人はすでに亡くなっていて、その場にはいないのだが、まるでいるかのように感じる、ということです。送った人がそのような存在として心のなかにいる。それが理想といえるかもしれません。

その意味でも「法事（年忌法要）」をしていただきたいと思うのです。年忌法要には一周忌、三回忌、七回忌、十三回忌……などがあることはご存知でしょう。その席には故人と親しかった人たちが集まります。

当然、故人のことが語られることになる。語られることによって、それぞれの心のなかに故人が甦り、あらためて「おわすがごとき存在」になるのです。泉下の故人にとっていちばん寂しいのは、二度目の死を迎えることです。年忌法要はそのもっとも有効な阻止策といえるのではないでしょうか。

自分史に着手する

ここでひとつ質問です。あなたは自分の両親についてどのくらい知っているでしょうか。物心ついてから、親として意識してきたわけですから、どんな親であったかはよくわかっているでしょう。

しかし、父親、母親がどんな子ども時代、青春時代を過ごしたかは、ほとんど聞いたことがないという人が多いのではないでしょうか。また、親としての顔は知っていても、仕事の場での顔や一人の人間としての顔は見たことがない、というケースも少なくないのだと思います。

あなたの子ども世代も同じです。子どもたちは自分のごく一面でしかない、親としてのあなたしか知らないのです。そこで提案です。自分のこれまでの来し方を思い起こして、自分史づくりに着手してはいかがでしょう。

歩んできた人生で印象に残っていること、忘れられない人たち、転機になったできごと……などなど、思い出されることを率直に書いていったらいいのです。それは生きた証を残すことになりますし、自分という人間の「全体像」を後世に伝えることでもあります。

どの時代に、どんなことがあり、それを自分がどう受けとめ、その後、自分が生きるうえでどんな影響をおよぼしたか……。そんなことをポイントにして、簡潔にまとめていく。かまえる必要はありません。箇条書きでも、メモのようなものでも、自分が書きやすいように綴ればいいのです。

自分史は代々読み継がれることになるでしょう。前項にも関連しますが、自分史を残すことによって、この世を去ってからも自分は後の世代の心に生きつづけるのです。

「うちのお祖父ちゃん、とてもおっとりした人だったけれど、若いときは血気盛んだったんだね」

孫の世代が、知られざる祖父の「波乱の青春」を知ることにもなるでしょう。

「わたしが生まれる前に亡くなった曾祖母《ひいばあ》ちゃんだけれど、あの時代のファッションリーダーだったのね。かっこいい。なんか、すごく親近感を憶えちゃう」

曾孫世代が、オシャレだった曾祖母を憧れをもって深く記憶にとどめることになるかもしれません。そんなふうにして、自分の人生が長く、長く、伝わっていくのです。

相続は、いまは財産や不動産を残すことを指す言葉ですが、もともとは仏教語で、師が弟子に教えを伝えるなど、かたちのないものを後の世代に伝えるという意味だったのです。自分史は何ものにもまさる「相続物件」です。

葬儀の意味を考える

それぞれが自分の色に染めあげてきた人生を締め括《くく》るのがご葬儀です。ご葬儀にもさまざまなかたちがあります。一般葬、家族葬、樹木葬、直葬《じきそう》、散骨……。故人の生前の意向もあるでしょうし、喪家の事情もあると思いますから、どんな葬儀がふさわしいかを一概にいうことはできません。

ただし、押さえておいていただきたいポイントはあります。それをお話しする前に、まず、ご葬儀の意味について簡単に触れておきたいと思います。

わたしの寺が属している曹洞宗では、葬儀は「出家入門式」という意味をもつ儀式とされています。

出家はお釈迦様との縁を結び、お釈迦様の弟子、すなわち仏弟子になることですが、一般的には生前にそれをおこなうことはほとんどありません。ですから、亡くなったあと、葬儀としてその儀式をおこなうのです。

故人は、導師（僧侶）から仏弟子としての戒律を受け、仏門に帰依します。その際授けられるのが「戒名」です。ご戒名は「血脈」という書面に記されます。血脈とはお釈迦様から故人にいたるまでの系図のことです。

ちなみに、ご戒名は生前に授かることができますし、そうしている人も実際にいます。それを「安名《あんみょう》授与」といいます。わたしも年間十人くらいの人にご戒名を授けさせていただいています。安名授与は出家ではありませんが、仏弟子として生きていくことを誓う儀式といっていいでしょう。

安名授与のひとつのメリットは、自分にふさわしい戒名を授かることができることだといえます。亡くなったあとに戒名を授かる場合は、遺族に故人の人となりをうかがい、それが反映されるような戒名を考えるわけです。

しかし、遺族といっても本人ではありませんから、必ずしも人となりをうまく把握しているとはかぎりません。その点、安名授与であれば、直接本人から話をうかがえますから、正しく人となりに沿った戒名を考えやすいのです。

わたしの場合は、本人からお話をうかがったうえで、二つ戒名の候補を考え、本人に選んでいただくことにしています。わたし自身は、あらかじめ自分の戒名を知っておくのもいいのではないか、と考えています。

さて、ご葬儀のポイントですが、亡くなったときの故人の立場や置かれていた環境を考える、というのがそれです。最近は家族葬やごく少数でおこなうご葬儀が増えています。もちろん、遺族の考えがあってのことですから、それはそれでいいのですが、こんなケースもあることは知っておくべきでしょう。

わたしの寺のお檀家さんですが、奥さんが亡くなり、家族葬で送ったことがありました。その奥さんは現役のいわゆるキャリアウーマンでした。公務員としてかなり重要なポストに就かれていたのです。つまり、仕事の関係者もたくさんいましたし、つきあいの幅も広かったわけです。

家族葬をすませたあとが大変でした。訃報を聞いた仕事関係者らが、連日のように喪家に弔問に訪れたのです。対応にあたったご主人は、それこそ腰を落ち着ける暇もない状態となったのです。

四十九日の納骨をすませてからも、ご主人の多忙な日々はつづきました。参拝者は引きもきらずで、その度にご主人がお墓のある寺まで案内してくるのですから、体力的には納骨前よりきつくなったといえるかもしれません。実際にわたしも、一日に何度も、案内役として寺にいらっしゃるご主人をお見かけしたものです。

心身の疲労が重なったのでしょう。ご主人は脳梗塞で倒れてしまったのです。いちばん悔やんだのはお子さんでした。

「よかれと思って家族葬にしたのですが、それが父にこれほど大きな負担をかけることになるとは思ってもいませんでした。みなさんにお知らせして、通常の葬儀をしていたら、父が倒れることもなかったのでは、と申し訳なく思っています」

たしかに、一般葬であれば、関係者がそろってその場で故人を送ることができますから、ご葬儀後に大勢の人が弔問や参拝に訪れることはなかったでしょう。ご主人にそのぶんの負担がかかることもなかったはずです。

このケースからいえることは、亡くなった人が仕事の現役で、人的つながりも多く、大勢の会葬者が予想される場合は、通常のご葬儀をおこなうのがいいということです。その後に想定されることを考えれば、喪家の身心の負担は間違いなく軽くなります。

一方、仕事を退いてから長い時間が経って亡くなったという場合は、仕事をしていた時代の関係者とも疎遠になっていることが多いでしょうし、つきあいがあっても、相手も高齢になっていると思われます。

ご葬儀に出るのは身体的にも難しいことが十分考えられますから、あえてご葬儀の案内はせず、家族だけですませるのがいいのではないでしょうか。どのようなご葬儀にするかを決めるうえで、予想される会葬者のそのときの状況に配慮することは大切です。

第4章

人生は「凸凹」だからおもしろい

「凸凹」こそ人生の醍醐味である

人生は山あり、谷あり、といわれます。シンプルな表現ですが、人生を語るにみごとに正鵠《せいこく》を射ている、という気がします。平板、単調な人生などありません。

しかし、なかには、一生を通して順風満帆でありつづけるほうがいいじゃないか、絶頂期がずっとつづいたらそれにまさる人生はないのでは、と考える人がいるかもしれません。そうでしょうか。

冒頭の言葉に照らせば、順風満帆、絶頂期にいるということは、ずっと「山」の状態がつづくということでしょう。光が燦々《さんさん》と降り注ぎ、抜けるような青空が広がっている。眺望する景色も雄大……。象徴的にいえば、それが山の頂上ということになるかもしれません。

降り注ぐ光も、青空も、雄大な景色も、すばらしいものであることはたしかです。しかし、いつも、いつも、そうだったらどうでしょうか。光のまばゆさ、青空の透明感、景色の美しさ……。そのどれもが「いつもとちっとも変わらない。なんの変哲もなく、つまらない」ものになるのではありませんか。

山頂にいることの喜びも、感動も、ありがたさも、なくなっていくと思うのです。

谷底は山頂に比べれば、厳しい環境といえるでしょう。切り立った崖で光が遮《さえぎ》られ、空さえ見えない。山頂にいたる道はどこまでも険しい……。

しかし、勇をこして道をたどれば、あゆみをとめなければ、いつかは山頂に達することができるはずです。そのときの喜び、感動、ありがたさは、到底、言葉には尽くせないものだと思うのです。

それは、谷底を知っているからこそ、険しい道を苦労してたどってきたからこそ、味わえるもの、感じることができるものでしょう。山頂に居つづけたのではけっして感じることができないのです。

山もあり、谷もあるから、いってみれば、「凸凹《でこぼこ》」だから、人生はおもしろい。そこに人生の醍醐味があるのです。徳川家康に次の言葉があります。

「人の一生は重荷を負《をい》て遠き道を行くがごとし。急ぐべからず」

家康の遺訓として伝わるものですが、稀代の戦国武将のこの言にしたがえば、人生には谷が多い、いや、ほとんどが谷である、ということなのかもしれません。現実には谷ばかりがつづくことはありませんが、少なくとも、そのような腹づもりでいる、そう腹を括《くく》っておくことは大切だと思います。

重要なのは谷をどう生きるかでしょう。不遇の身を嘆くばかりで、気持ちが前向きにならなかったら、足も踏み出すことができません。踏んばって、一歩前に進むことです。必ず加速がつきます。足どりもたしかなものになっていく。

そうして谷を乗り切った経験は貴重です。経験によって人間としての厚みが増すのです。器量が大きくなるといってもいいでしょう。すると、それまで気づかなかったことに気づくようになります。

たとえば、他人の痛みがわかる人とわからない人がいます。両者を分けているのは、厚みの差、器量の違いです。それによって、痛みに気づくか、気づかないかが分かれるのです。気づくことが人間としての成長につながることはいうまでもないでしょう。

「（つらい、厳しい、苦しい……）経験＝谷」→「厚み、器量アップ」→「新たな気づき」→「成長＝山」という構図です。この連鎖を繰り返していくのが人生である

――。そういってもけっして的外れではないでしょう。

もちろん、無制限にということではありませんが、凸凹を繰り返すほど人生はおもしろくなる、その醍醐味が増すといえるかもしれません。

三菱財閥の創業者である岩崎弥太郎は、土佐藩の地下《じげ》浪人の子として生まれ、極貧生活を送ります。そんななかにあっても、勉学の機会を得て見聞を広め、その後、江戸にも上ります。しかし、父親が酒席で庄屋と喧嘩したことで投獄され、郷里に帰ってその赦免《しやめん》を訴えた弥太郎も投獄。釈放後は苗字帯刀を剥奪され、郷里を追放となるのです。

そこから土佐藩に登用され、やがて事業に手を染め、三菱財閥を築くにいたるまでも、凸凹《でこぼこ》がめまぐるしく繰り返されます。そんな岩崎の人生、痛快至極、醍醐味満点、という印象ではありませんか。

凸凹をおもしろいと感じる、そこに醍醐味を見出していくのは、やはり、心の在り様だと思います。こんな辞世の句があります。

「おもしろきこともなき世をおもしろく、すみなすものは心なりけり」

幕末に長州藩で奇兵隊を結成した高杉晋作の辞世（諸説あり）とされるものです。高杉が詠んだのは前段、後段は病床にあった高杉の看病にあたっていた野村望東尼《のむらもとに》がつけ足したものといわれています。

つまらない世の中であろうと、心のもち方ひとつで、おもしろく生きられるのだ、というのがその意味でしょう。これに倣えば、

「凸凹の繰り返したる人生を、興（おもしろみ）とするのは心なりけり」

なんて一句ができそうです。凸も、凹も、腹を据えて、心を前に向けて、受けとめていきましょう。

一〇〇パーセントできた人は、人間的につまらない

「非の打ちどころがない」といういい方があります。もちろん、褒め言葉ですが、人として非の打ちどころがないのは、さて、いいのか、悪いのか……。これはどちらともすぐには決めかねますが、いえるのは「おもしろくない」ということです。

たとえば、野菜にも温室育ちのものと自然のなかで育った露地ものがあります。温

室育ちはかたちもいいし、色もあざやかです。それに比べ、露地ものはかたちが曲がっていたり、いびつだったり、なかには虫食いのものがあったりもします。
見た目は、当然、温室育ちが非の打ちどころがないわけです。しかし、食べてみると、個性（個体差）もないし、旨味もいまひとつ。一方、露地ものは個体ごとに違った味わいがあって、旨味もしっかりしています。

野菜としてどちらに魅力があるか。これはもう、明らかです。

人間も同じではないでしょうか。非の打ちどころがない人、一〇〇パーセントできた人といってもいいですが、そんな人はすべてがそろっているように見えても、人間としての魅力には欠けるのです。おもしろみもありません。

さらに、打たれ弱いという面もある。非の打ちどころがない状態を保つのは大変です。かりに、かすかな一点であっても非を指摘する人があらわれたら、あっけなく自信を失ってしまうことになりがちなのです。

その点、自分にはここに非の打ちどころあり、と自覚している人は違います。そこを指摘されても、

「わかってる、わかってる。でも、こういういいところだってあるんだよ。こっちを見てくれないかな。そうしたら、けっこう、おもしろい人間だと思わない？」

と切り返せるのです。人としての「地力」という面では、断然、後者に軍配が上がると思うのですが、いかがでしょうか。

わたしはむしろ、非は自分からあからさまにしてしまうのがいいと思っています。その手法で宰相にまで上り詰めたのが、田中角栄元首相でしょう。元首相は「今太閤」と呼ばれて、おおいに人気を博しました。

人びとは、足軽から天下人に成り上がった太閤（豊臣）秀吉に重ね、元首相にその名を冠したのです。秀吉に重ねたのは、元首相が高等小学校卒業という学歴をあからさまにしていたからです。

東大出身、高級官僚上がり、といった非の打ちどころがない経歴をもつ面々がズラリと居並ぶ政界にあって、「高等小学校卒」は非ととられても不思議はありません。その非を元首相は、みずからあからさまにした。それどころか、積極的に吹聴していたフシさえあります。

人びとはその姿勢に拍手喝采を送ったのです。

その政治手法や政治信条に関しては是非も好き嫌いもあると思いますが、田中角栄元首相が日本の憲政史上でもっとも魅力ある政治家の一人であったことは、誰もが認めるところなのではないでしょうか。

非はあってかまわないし、見せてしまえばいいのです。少しずぼらなところがあるなら、

「昔からずぼらなところがあるんだ。気になったときは遠慮なくいってね。いってもらえば、その都度直していくから……」

そういってしまったらいい。自分の非（欠点）を素直に語れる人に不快感をもつ人も、嫌悪感をもつ人もいません。語ることで相手の視線は欠点ではなく、長所のほうに向けられるといっていいかもしれません。

「（たしかにずぼらな面はあるかもしれないけれど、それはそれでいいじゃない……）それより、誰に対してもあんなにやさしくできるなんて、ほんとうにすばらしいことだと思う」

と感じることもあるのです。

やさしさ、おもいやり、あたたかさ、几帳面さ、丁寧さ、謙虚さ、強さ、弱さ……などなど、人がもっているさまざまな側面のどれもが「平均点」であったら、その人が魅力的に映るでしょうか。たとえ、高いレベルの平均点（非の打ちどころのない人がこれです）だとしても、魅力は感じないのではないか、という気がするのです。

何かが平均点以下であっても、別の何かが抜きん出ている。魅力を感じさせる人に共通しているのは、そんなところなのではないでしょうか。とてつもなくあったかい、とびきり几帳面である、まねできない謙虚さをもっている……。ほかの側面がどうであっても、そんな人は魅力的です。周囲を惹きつけてやまないのです。

わたしが常々お話ししているのは、欠点はひとまず置いておいて、はっきりいってしまえば、欠点には目をつぶって、自分の長所、いいところを伸ばすことにつとめましょう、ということです。

非の打ちどころがない、つまらない人間から脱して、一面（もちろん、二面でも、三面でもよし、です）傑出の味のある人、魅力的な人になる道筋が、そこにあります。

偏った生き方は一度リセットしてみる

現在の日本では、東大ブランドが学歴の最高ランクでしょう。そのブランドを手に入れるために、子どもの頃から親子二人三脚で勉強一筋。脇目もふらず、まっしぐらに進むというケースもあるのではないでしょうか。

学校にいる時間以外は、塾通い、家庭教師、自宅学習でスケジュールが埋め尽くされる。まあ、これは少し極端ですが、ほぼ近い生活を送っている子どももいるのではないか、と想像されます。

その結果、「完璧」な東大合格作戦が奏功し、四年間の学生生活を経たあと、東大ブランドを引っさげて社会人となるわけです。さて、そのブランド力はどの程度のものなのでしょうか。これはかなり以前に大手企業の経営者にうかがった話ですから、現状とは少し違うかもしれません。その点を踏まえて受けとってください。

企業に入社時の東大ブランドは一〇〇パーセント。この時点では威信健在ということのようです。周囲の期待も大きいのでしょう。しかし、これが三年後になると半減の五〇パーセントに下落する。下落傾向はその後もつづきます。

五年後は二五パーセント、そして、一〇年後になるとゼロになるのだそうです。こうしてみると、

「彼（彼女）は東大だよ。わが社のエースだね」

ともてはやされる期間はわずかということになりそうです。年を経るごとに色褪《あ》せていくブランド力を補完するのは実力しかありません。実力がともなわなければ、容赦ない批判の対象にもなるでしょう。ブランド力の高さがかえって仇《あだ》になる。

「彼（彼女）、使えないね。あれで東大卒だっていうんだから、東大も落ちたもんだよな」

といった塩梅《あんばい》。もちろん、実力をどんどんつけて、「さすが東大」という評価を得る人もいるでしょう。ただ、はっきりいえるのは東大ブランドの賞味期限は思っているよりもはるかに短いということです。

勉学に励んで東大をはじめ、一流といわれる大学に入るのはいいことです。しかし、そこで勉学一途な（勉学にあまりに偏った）生活は一度リセットしたほうがいいので

はないでしょうか。社会に出てからものをいうのは経験です。在学中はさまざまな経験を積むことに主眼を置く。

たとえば、次のような対照的な学生生活を送った人がいたとします。一方は学業で「優」の数をたくさんとることに躍起になっていた。他方は学内外で多くのイベントを主催し、成功させてきた。この両者のうち社会に出てからどちらが「使える」かは明らかではないでしょうか。

社会に出てから求められる人間関係のもち方、状況への対応力、ものごとの進め方……といったものは、経験からしか学べません。そのことはしっかり胸に刻んでおくべきだと思います。

「凹」の経験が大事である

戦後の日本は誰もが貧しさを抱えて生きている時代でした。食糧も十分ではありませんでしたし、とにかくものがなかった。しかし、そんななかで、ものの大切さやもののあることのありがたさを身をもって知ったのです。

貧しさを味わうことは、いわば「凹《ぼこ》」の経験です。この時代の特徴は、その経験がないことではないでしょうか。生まれたときからものがそろっている。食べるものには事欠きませんし、生活を便利にするもの、生活を楽しむものが、あふれるほどあるわけです。

そんな「満ち足りた」生活を一度見直してみませんか。

ここで禅の修行中の話を少し詳しくしたいと思います。なぜなら、修行生活は満ち足りた生活とは真逆なものだからです。それは「凹」経験そのものだといってもいいでしょう。

修行のために禅寺の門をくぐる前は、誰もがふつうの生活を送っています。いつでも食べたいものが食べられるし、行きたいところにも行ける。睡眠も十分にとれるし、疲れたらゴロリと横になることも自由にできる……。

修行開始と同時に生活は一変します。食事についてはすでにお話ししましたが、ひもじさがいつもついてまわる質と量です。起床は午前三時半、もしくは僧堂によっては午前四時（冬場は四時半）ですから、それまでの生活から考えたらとんでもない時間に起きなければならないわけです。就寝は午後九時ですが、修行を始めた当初は、慣れない生活に戸惑うことばかりで、いろいろなことが頭をめぐり、すぐに熟睡などできる状態ではありません。睡眠不足が常態となります。

日中は坐禅や読経、作務《さむ》（日常的な作業）などの予定がびっしり組まれています。坐禅ひとつをとっても、最初はうまくできませんから、足は痺れる、背中は固まる、身体のそこかしこが痛くなる、といったことになります。

ひとことでいえば、それまで許されていたことがまったく許されなくなる。自由が一切合切奪われる……。それが修行生活です。

しかし、その生活を通してはっきりわかることがあるのです。それまで当たり前だと思っていたことが、じつはとてもありがたいことなのだ、というのがそれです。わかるというのは頭で理解するということではありません。ありがたさを身体が受けとる、体感するということです。

三度三度食事ができることが、どんなにありがたいか、ゆっくり眠れることが、どれほどありがたいことか、足を伸ばせることが、自由に行動できることが、なんとありがたいことなのか……。

それまでは感謝の気持ちなどもったことがなかった「当たり前」のことに対して、心から感謝できるようになるのです。これが「凹《ぼこ》」を経験することによってもたらされる、もっとも重要な点である、といっていいと思います。

ありがたいという思いは、どんなものも、どんなことも、大切にしていこう、という姿勢につながります。一杯のお粥を大切にいただこう、洗面に使う水は一滴も無駄にならないように大切にしよう、坐禅の時間は大切なものだから一心に打ち込もう……。

そうなってはじめて、修行が身についていくのです。感謝の心は修行の基盤といえるかもしれません。修行だけではないでしょう。ふつうの生活の基盤も、また、感謝の心にあると思うのです。

禅寺には修行体験ができるところがありますから、可能であれば、何日間かそこで「凹」経験をするといいと思いますが、それができないなら、ここは一念発起です。感謝を意識して暮らすよう心がけたらいかがでしょう。

蛇口をひねれば水が出てくることがありがたい、スイッチを入れれば電気がつくことがありがたい、やわらかい布団で寝られることがありがたい……。そんな気持ちが暮らしぶりを変えていきます。

それは、「もの」が満ち足りた暮らしではなく、「心」が満ち足りた暮らし、心豊かな暮らしです。

人生はゆっくり、コツコツがいい

疾風のごとく駆け抜ける人生。動乱の幕末に八面六臂《はちめんろっぴ》の活躍を見せ、三一歳で逝った坂本龍馬の人生などはまさにそれだと思います。あざやかで華々しく、憧れも禁じ得ませんが、やはり、人生はゆっくり、コツコツ、が基本でしょう。

ゆっくりは、「焦らず、自分のペースで」ということ。コツコツは「つづける」ということです。これがなかなか難しいのです。

たとえば、会社の同期がいち早く昇進した、といったとき、焦りが生まれませんか。ペースを崩すことはないでしょうか。自信をもって「断じて、そんなことはない！」

といえる人はそう多くはないのではありませんか。

しかし、自分のペース以上にたしかな歩みはないのです。「やばい、早く追いつかなきゃ」という気持ちに急《せ》き立てられて、ペースを速めれば、必ず、息切れします。

お釈迦様はこんなことをおっしゃっています。

「犀《さい》の角のようにただ独り歩め」

頭部にしっかりとすわった犀の一本の角のように、自分をきちんともって、独りで道を進んでいきなさい、という意味です。「独りで」というのは、他人に惑わされないで、自分のペースを乱さないで、ということでもあるでしょう。

そして、その歩みをつづける。こちらもそう容易《たやす》いことではありません。挫折やつまずきがあると、その場で立ち尽くしてしまったり、蹲《うずくま》ってしまったり、ということにもなりかねないのが人間だからです。

しかし、歩みをとめてはいけません。清流は流れつづけるから清らかさを失わないのです。石や岩、堰《せき》などの障害物があっても、それをぬうように、あるいは乗り越えながら、流れていく。どこかでとどまったら、そこで澱《よど》んでしまいます。人生の歩みも同じです。

ただし、歩みの途中に「踊り場」はあっていい。踊り場でひと息つき、それまでの道のりを振り返ることは必要でしょう。それが次の一歩を進める原動力にもなります。禅もときには休むことの大切さを説いています。

「七走一坐《しちそういちざ》」

意味はそのまま、七回走ったら、一回は坐りなさい（休みなさい）、ということです。走りつづけるばかりでは、それまでの道のりが横にそれていたり、方向を間違えていたりしても、それに気づくことができません。休んで振り返ることによって、たしかめることができますし、正すこともできるのです。

自分のペースを守ることで、視界が澄みわたってすっきりしたものになります。人生のさまざまな綾模様（凸凹《でこぼこ》）を目にも、心にも、きちんと刻んで、歩んでいくことができるのです。

失敗は怖くない。むしろ、糧になる

人生でいちばん何を避けたいですか。そう問われたら、かなりの数の人が「失敗」と答えるのではないでしょうか。失敗せずに全人生を終えることができたら、それはそれなりに幸福といえるのかもしれません。

しかし、たった一度の失敗もない人生など現実にあるのでしょうか。あり得ないとまでは断言しませんが、おそらくはないでしょう。そこで、失敗をどう受けとめるかが大切になるわけです。

受けとめ方のヒントをくれるのが、発明王といわれたトーマス・エジソン（アメリカ）です。こんな言葉を残しています。

「わたしは失敗したことがない。ただ、一万通りのうまくいかない方法を見つけただけだ」

失敗（ネガティブ）＝発見（ポジティブ）。ネガティブをポジティブに転換するこの発想法は、まさしく禅の発想法です。失敗の受けとめ方としては、このエジソン流にまさるものなし、です。そう、一万通りの「発見（失敗）」に導かれて、一万一通り目の「成功」があるのです。

成功のカギになるのは失敗の分析です。「あ〜あ、やってしまった！」で気落ちしておしまいではいけません。失敗の原因がどこにあったかを炙《あぶ》り出す。不可欠なのがその作業です。こんな言葉があります。

「勝ちに不思議の勝ちあり、負けに不思議の負けなし」

プロ野球界のご意見番的な存在として、おおいにボヤいた故野村克也さんが座右の銘にしていたとされるものですが、もともとは肥前国平戸藩第九代藩主であった松浦清が、松浦静山《せいざん》の名で著した随筆集『甲子夜話《かつしやわ》』のなかに出てくるものです。

不思議の勝ちとは、たまたま得た勝利や偶然が重なった結果の勝ちなどをさすのでしょう。勝ちにはそんな勝ちがたしかにあります。しかし、負けにそれはない。必ず、はっきりした原因があって負けるのである。後段はそういっています。

勝ちを成功に、負けは失敗に、そのまま入れ換えられます。不思議な失敗などないのです。分析すれば、その原因は明らかになってきます。そして、原因がわかれば、おのずと対処法が見えてくる。

対処法とは、すなわち、同じ失敗を繰り返さないための新たな知識であり、ノウハウやスキルです。失敗がそれを与えてくれるのです。そうであるとしたら、失敗を怖れる必要がありますか。どこにもないのです。

むしろ、歓迎すべきものであるといってもいいくらいです。ピンチはチャンス、という言葉もあります。失敗したら、

「よし、スキルアップのチャンスだ。この失敗を絶対次に活かしてやる」

という受けとめ方をしたらいかがでしょう。進めていた仕事がよい結果に結びつかなかった、というケースでも、準備段階から決着までのすべてのプロセスに問題があったということはないでしょう。

準備が十分でなかった、着手のタイミングを誤った、交渉の段取りが悪かった、詰めが甘かった……など、問題があったのはプロセスの「どこか」だったはずです。それが明らかになったら、次の仕事では同じ轍《てつ》を踏むことはなくなります。

「準備は周到のうえにも周到にやらなければいけないな」

「着手のタイミングをしっかり見きわめることに重点を置こう」
「交渉の段取りについては、入念なシミュレーションが必要だな」
「詰めの段階になったら、こちらがペースを握って一気呵成《いっきかせい》に攻めよう」

そんな新たなノウハウやスキルをもって、次の仕事にとり組むことができるからです。確実にノウハウが蓄積されている。スキルも向上しています。失敗は自分がレベルアップするための糧です。

また、失敗はチャレンジした証という捉え方もできます。自分の能力の範囲内のことをしているだけであったら、失敗する可能性は低いはずです。能力を超える仕事に挑むから、失敗の可能性が出てくるわけでしょう。そう、失敗したのは果敢にチャレンジスピリットを発揮したからなのです。

こうした捉え方も失敗を前向きに受けとめるうえで大切なのではないでしょうか。

他人への評価基準を捨ててみる

人は一人ひとり性格、気質が違いますし、個性もあります。人間関係のなかでそれらがぶつかり合うこともあるでしょう。とてもウマが合うという相手もいれば、どうにもソリが合わないという相手もいるわけです。

ソリが合わない相手、苦手な相手については、どこかに「理由」を探しているということがないでしょうか。たとえば、

「彼は自分を主張するばかりで、人の話をちっとも聞かない（だからソリが合わないんだ）」

「彼女って無神経なところがあるじゃない（だから苦手なのよ）」

という感じ。理由が明らかになると、今度はその部分だけに目がいきがちになります。人の話を聞かないところ、無神経なところが必要以上に気になってくる、といってもいいかもしれません。視野狭窄に陥って、その部分が増幅されてしまうのです。

しかし、よく考えてみてください。ソリが合わない、苦手だ、という理由は自分の都合によるものではないのでしょうか。違ういい方をすれば、自分の「人はこうあるべきだ」「こうであって欲しい」という思いが根底にあるのです。

そのあるべき、あって欲しい、に相手が応えていないから、もっといえば、相手が

自分の思いどおりにならないから、ソリが合わない、苦手だ、と感じるのです。これは、身勝手な自分の都合ではありませんか。

実際、同じその人に対して、別の人は違った印象をもっているかもしれません。

「彼は自分というものをしっかりもっている。頼もしいじゃないか」

「彼女ってとてもおおらか。こまかいことにこだわらないところが好き」

といったことがあっても少しも不思議ではありません。自己主張の強さを自己確立のたしかさととる人もいるし、無神経をおおらかさと見る人もいるわけです。「欠点（凹《ぼこ》）」は「長所（凸《でこ》）」にたちまち転じる。

自分の都合を外してみたらいかがでしょう。都合を押しつけようとしたって、人を自分の思いどおりにすることなどできないのです。もし、そんなことができたら、自分が思いを寄せる異性を思いどおりに、すなわち、自分のことを好きになるようにし向けることが可能だということになります。世の中から片想いも、失恋も、なくなる。そんなことはあり得ないでしょう。

しかし、自分の都合を外すことならできます。禅語を紹介しましょう。

「両忘《りょうぼう》」

人は自分のなかに判断基準をもっています。その基準が都合を押しつけるもとになっているのです。禅語はそんな基準は忘れなさい、と教えています。基準を忘れたら、都合を外したら、その人のあるがままを受け容れることができます。

人の話を聞くのが得意ではない、そういう人。神経があまり行き届かない、そういう人……。そうやって受け容れてしまえば、いやだ、嫌いだ、というところから離れられると思うのです。「そういう人」とのつきあい方を考え、それなりにつきあっていけるのではないでしょうか。

そんななかで新たに見つかるものがあるかもしれません。

「あれっ、彼にはこんないいところがあったのか」

「彼女ってこんな素敵な一面があったのね」

そんな発見は、人づきあいの「妙味」です。

公園を通るだけでも感性は鋭くなる

時代を切り拓くのは、いつもクリエイティブな発想、クリエイティブな人だといってもいいのではないかと思います。クリエイティブとは固定観念に縛られないこと、ありきたりな「常識」の枠からはみ出していることでしょう。

典型的な例がスマートフォンです。電話の基本的な機能は「離れている場所にいる人と話ができる」ということです。いってみれば、それが電話に対する固定観念であり、電話というものについての常識です。

その固定観念、常識にとどまっていたら、スマホの誕生はなかったでしょう。そこから自由であったから、「電話とパソコンを合体できないか？」というクリエイティブな発想が生まれたのです。

いまはさらに進化して、アップルウォッチのような電話＋パソコン機能を持つ時計も登場しています。これも、時計は時間を確認するものという常識の枠にとらわれていたら、永遠に出てこなかった発想といっていいでしょう。

固定観念や常識を超える発想の源は心の柔軟性です。ズバリの禅語があります。

「柔軟心《にゅうなんしん》」

やわらかな心、しなやかで自由な心のことです。禅はその心をもつことで、視野が広がり、それまで気づかなかったことにも気づけるようになるとしています。感性のアンテナが鋭くなるといってもいいかもしれません。

柔軟心になるためにもっとも有効な手段のひとつが、自然と触れ合うことだとわたしは考えています。現代人の日常生活はどんどん自然から遠ざかっています。高層集合住宅から都会のビル群に通い、ＩＴに囲まれて仕事をこなす。多くのビジネスパーソンの生活スタイルは、そんなものになっているのではないでしょうか。

しかも、誰もが多忙で自然に身をおいて過ごす時間がない。そんな毎日のなかで心がしなやかさを失ったり、渇いたりしてしまっているのを感じている人は少なくないのだと思います。そうはいっても、休暇をとって大自然のなかでしばらく過ごすというのは、現実的には難しいかもしれません。

ここはちょっとした工夫です。わたしが提案しているのは、朝の通勤時にいつも乗っているバス停や電車の駅をスキップして、ひと停留所分、ひと駅分歩くことです。公園や樹木のある場所を通り抜けるだけでも自然を感じることができます。

春であれば、ふくらんでいたつぼみが花開くのを見ることができるでしょう。

「あっ、花が咲いている。昨日まではつぼみだったのに、いつの間に開いたんだろう。自然ってすごいなぁ」

夏なら、早朝から蝉しぐれが聞こえるかもしれません。秋になったら、日ごとに葉が色づいていくのがわかるはずです。冷たさを増す風は冬の訪れを知らせてくれる……。自然を体感するそんな時間は、感性を刺激し、磨いてくれます。心をうるおし、やわらかくしてくれるのです。

休日には郊外を散策するのもいいかもしれません。たとえば、禅寺をめぐるというのはいかがでしょう。簡素な佇まいの禅寺は、日常生活を送っている空間とは「異次元」の空間です。そこで過ごす自然に抱かれるようなしばしの時間は、心の洗濯、リフレッシュにはうってつけだと思います。

ウィークデーは仕事に追われ、休日はただ疲れを癒やすだけに使う。そんなパターン化された日々を送っていると、心がなまってきます。自然と触れ合って枠にはまった日々にアクセントをつけましょう。

それが、柔軟な心を甦らせることにも、クリエイティブな発想をすることにも、つながっていきます。

「お蔭様」「おたがい様」「感謝」が潤滑油になる

人は誰でも人とのかかわりのなかで生きています。そのことをいっているのが仏教の次の言葉です。

「諸法《しょほう》無《む》我《が》」

この世にあるものはすべて、関係性のうえに成り立っている、という意味です。たとえば、夫婦の関係。夫は妻という存在があって、その妻との関係において、夫という存在になっているのです。親子も、親は子どもとの関係のうえで親であるわけですし、子どもは親との関係において子なのです。

そして、どのような関係性を保つかで、自分の在り様も変わってきます。つまり、いい関係性を保っていれば、自分も心地よくいられますし、関係性が悪くなれば、心地よさは失われます。

では、いい関係でいるためには何がいちばん必要でしょうか。まず、相手を心地よくするようにつとめることです。朝、知っている人と顔を合わせる。そのとき、こちらから明るい声で「おはようございます」と声をかけたらどうでしょう。相手も笑顔で挨拶をしてくれるはずです。

こちらから挨拶をすることで、相手は心地よくなり、こちらに笑顔を向けてくれる。心地よさを返してくれるのです。顔を合わせているのに声もかけなかったら、双方の間に心地よい空気が流れ込むことはありません。

挨拶のほかにも心地よさをつくり出してくれる言葉がありそうです。「お蔭様」もそのひとつでしょう。仕事で成果を上げたときには、周囲からそれを評価する声がかけられることにもなります。

「いい仕事したね」

さあ、「お蔭様」の出番です。かりに声をかけてくれた相手が、直接その仕事にかかわりがなくても、「お蔭様で」のひとことがあるのとないのとでは、相手の気持ちが大きく違ったものになります。そのひとことで自分が感じた心地よさを、いつか何かのかたちで返そうと思うに違いありません。

「今回は何もできなかったが、何か力になれることがあったら、いつでもいってくれよ。できることは何でもするからね」

といった対応になるのです。相手との関係はますますいいものになっていきます。

「おたがい様」もキーワードです。仕事で誰かのサポート役をつとめた際など、相手は申し訳なさを感じているかもしれません。

「キミも忙しいのに悪かったね。ほんとうに助かったよ」

「おたがい様じゃないか」

これが心地よいやりとりです。相手の心の負担をとり除くのに、「おたがい様」にまさる言葉はありません。世の中もちつもたれつです。誰もがいつだって、おたがい様に助け合い、おたがい様に迷惑をかけ合って、つまりは、支え、支えられて、生きているのです。それがわかっていることが、いい関係の基本です。

そしてなにより「感謝」です。こちらはいい関係のすぐれたマジックワードといっていいでしょう。感謝をされて怒ったり、気分を損《そこ》ねたりする人はいません。少々、腹の虫の居所が悪い人でも、感謝の言葉をかけられたら、とたんに表情が和みます。

「すべきときにはきちんと感謝をしている」

日本人は礼節をわきまえていますから、誰もがそう思っているのでしょう。しかし、「すべきとき」の範囲は、案外、狭いのではありませんか。たとえば、わが家の朝を思い浮かべてみてください。

洗面をすませ、食卓についたら、目の前に朝食が並べられる。いつもどおりの朝の光景です。そのとき、「ありがとう」といっていますか。もちろん、つくってくれた人に対してです。それが妻であれ、夫であれ、あるいはそれ以外の人であっても、ここは感謝をすべきときでしょう。

詳しく調べたわけではありませんが、いつも「ありがとう」といい合っている夫婦は、むしろ、少数派ではないかという気がするのです。長年連れ添った夫婦間には「あ・うん」の呼吸が生まれるといいます。夫が妻を呼ぶその声の調子で、何を欲しているかがわかる。その逆もまたそうでしょう。

以心伝心のすばらしい関係ですが、感謝に関しては例外だと思うのです。「ありがとう」はきちんと声に出して伝えたほうがいい。それを受けとる側の心地よさには、格別なものがあるからです。

すきま風が吹き始めた夫婦が、「ありがとう」をいい合うようにしたことで、いい関係が戻ってきた、といったケースも珍しくありません。大盤振舞をすればするほど、関係がよくなるのが感謝なのです。

夫婦間での「ありがとう」、家族間での「ありがとう」……。まず、そこからしっかり固めていきましょう。

老いは衰えることではなく、円熟することである

「生老病死」を四つの苦しみ、四苦としたのはお釈迦様です。そのどれもが自分の意志や力ではいかんともしがたいものです。そのことはわかっていても、抗《あらが》わずにいられない。それも人の「性」かもしれません。

たとえば、老い。年齢を重ねれば誰にでも老いはやってきます。しかし、それをなかなか受け容れられない人もいる。

「いまはもう、身体の無理がきかない。若い頃は体力自慢でバリバリ仕事もこなしていたのに、こんなになってしまった自分が情けないったらありゃしない」

「肌がたるんできたし、シワやシミもこんなに目立つ。これじゃ、外を出歩く気にもなれないわ」

体力もあり、血気盛んだった昔の自分、タマゴ肌自慢だった若い頃の自分を思い、いまを嘆いている図です。しかし、いくら嘆こうと、抗おうと、そのときの自分に戻れるわけもありません。嘆けば嘆くほど、抗えば抗うほど、いまの自分が惨めにも、寂しくもなるのではないでしょうか。

たしかに、歳をとれば、体力は衰えますし、それまでできていたことができなくなったり、備わっていたものが失われたりするでしょう。そこに目を向けていたら、気持ちは塞ぎますし、めげることにもなりそうです。

しかし、老いがもたらすのはそうした心をへこますものだけでしょうか。歳を重ねることによって輝いてくるもの、光を放ってくるものはないでしょうか。曹洞宗の管長や大本山総持寺の貫首を務められた板橋興宗《こうしゅう》禅師は、こんなふうにおっしゃっています。

「歳をとることは、老いることではない。円熟することだ」

至言です。年齢を重ねることを老いではなく、円熟と捉えると、見えてくるもの、気づくことがあると思うのです。

懐の深さ、腹の太さ、心の余裕、おおらかさ、広い視野……。それらは歳を重ねるなかで身についてきたものではありませんか。まさに円熟がもたらしたもの、円熟が放つ輝き、光です。そのことに気づくことが大切です。

やっかいなことがあっても、懐の深さ、腹の太さで対応できる。昔なら怒りを感じていたことも、心の余裕、おおらかさで受け流せる。さまざまな視点をもってものごとの判断ができる……。

若い頃はできなくても、円熟の域ならできることは、まだまだありそうです。そこに目を向けて生きていく。そうしたら、充実して、おもしろい、人生の晩年が送れるに違いありません。

「閑古錐《かんこすい》」

この禅語の意味はこうです。使い込んで古くなった錐《きり》は、切れ味も鈍くなって、鋭く穴を開けることはできないが、胴の部分は黒光りして、風格を感じさせ、なんともいえない味わいを感じさせる。

この閑古錐の在り様こそ、円熟味です。若い世代には及びもつかない、練れていながら、凛とした風情。それが閑古錐の真骨頂、円熟味の見せどころです。さあ、嘆いている場合ではありません。いえ、嘆く必要などまったくないのです。

円熟味を存分に見せつけるのは、発揮していくのは、これからです。

凸凹の人生に無駄な時間などない

小さい頃の夢を実人生で叶える。目標をしっかり見据え、一本道でそこに達するのは、理想的にも思えますし、無駄のない人生といえるかもしれません。

小学生の頃からバッティングセンターで打ち込みをしていたというイチローさん

（元メジャーリーガー）、父親の手ほどきでこちらも小学生からボクシングにとり組んで、世界チャンピオンとなり、日本のボクシング史上最高傑作という称号を冠せられている井上尚弥《なおや》選手などは、その代表でしょう。

しかし、一本道を行ける人はごくわずかです。ほとんどの人は寄り道、回り道をしながら、人生を歩んでいきます。それは時間を無駄にしたことになるのでしょうか。そうではないと思うのです。

寄り道、回り道が、人生の成功や充実に大きく与《あずか》っているケースは、けっして少なくないはずです。

ガソリンスタンドやレストランの経営に失敗。転職すること四〇回以上。これはケンタッキーフライドチキンを創業したカーネル・サンダースのキャリアです。

勤めていた新聞社をクビになり、立ち上げた会社が三度倒産。そんな大いなる回り道をしたのは、ウォルト・ディズニー・カンパニーの創業者であるウォルト・ディズニー。

設立した会社が倒産すること五回。辛酸をなめつづけたのはフォード・モーターの創業者で自動車王と呼ばれたヘンリー・フォードです。

　こうした先人たちは、寄り道、回り道をするなかで、大事なものを見つけたり、切り捨てていたものを拾いあげたり、目を開かれる気づきに出会ったり……したのでしょう。無駄どころではなく、必要不可欠な寄り道、回り道だったのです。

　日本に目を向ければ、すごい人がいます。五代目古今亭志《ここんていし》ん生《しょう》師匠です。八代目桂文楽《かつらぶんらく》、六代目三遊亭円生《さんゆうていえんしょう》の二人の師匠とともに、昭和の三名人とうたわれた噺《はなし》家《か》ですが、その天衣無縫《てんいむほう》な芸風は、まさしく余人をもって代えがたいものでした。

　志ん生師匠はその名前に落ち着くまでに一九回改名（諸説あり）しています。もちろん、伊達《だて》や酔狂《すいきょう》で名前を変えたわけではないでしょう。噺家として芽が出ない、客に受けない、芸が上達しない、といった苦境からなんとか抜け出そうとしての改名。あえぎながらの寄り道、回り道だったことは、容易に想像がつくところです。

　その寄り道、回り道があの古今亭志ん生をつくりあげた。無類の酒好きだった師匠は、前の晩の深酒が祟《たた》ってか、高座で船をこぎ始めたことがあったといいます。しかし、寄席を埋め尽くした満場の客は、

「いいじゃねぇか。寝かしといてやんなよ。俺たちは、志ん生を見にきてんだからよ」

とその「芸」をおおいに楽しんだとされています。このあたり、一本道組にはちょっとまねができない人間力を見る思いがしませんか。

道からそれても、曲がっても、いいじゃないですか。いけないのは、そこで、

「こんなことしているようじゃ、自分はだめなんじゃないだろうか」

「どうしてこんなことになってしまったんだろう」

などと考えてしまうことです。「こんなことをしている」ときも、「こんなことになってしまった」ときも、一生懸命であればいいのです。

「一行三昧《いちぎようさんまい》」

ひとつのことに集中、徹底して、それになり切りなさい、という意味の禅語です。

寄り道をしている自分なら、その自分をとことんやり切る。回り道の最中の自分なら、そこで自分を徹底的に尽くし切る。そうしていたら、無駄など生まれようもないのです。こんな言葉もあります。

「どの道も歩いてみれば花盛り」
花を愛でながら、楽しみながら、「いまの道」を行きましょう。

「待つ」ことも特効薬である

人生にはものごとが思うようにいかないと感じることがあるでしょう。感じることがあるどころではない、思うようにいかないことだらけだ、というのが実感かもしれません。

もちろん、そこでがんばること、努力することは大事です。しかし、それでもなお、閉塞状況がつづく、袋小路から抜け出せない、ということはあります。そんなときは「待つ」ことも必要です。

「待てば海路の日和《ひより》あり」「雌伏《しふく》○年」という言葉もあるではないですか。ただし、ただ、漫然と待っていてはいけません。

ある禅僧にまつわる次のようなエピソードがあります。中国唐代の末を生きた香《きょう》厳《げん》智《ち》閑《かん》禅師がその人です。香厳は出家をする前からその際立った聡明さが広く知られていました。出家後、香厳は当代随一の禅僧ともいわれた百丈《ひゃくじょう》懐海《えかい》禅師に師事します。

百丈のもとで修行をつづけていた香厳でしたが、その百丈が遷化《せんげ》（他界）したことで、今度は兄弟子にあたる潙山霊祐《いざんれいゆう》禅師について日々研鑽を積みます。

そんなあるとき、香厳は潙山から公案（禅問答の問い）を与えられます。それまでの修行を通して培ってきた知識を駆使して、答えを必死に考えた香厳でしたが、いつまで経っても答えが出せません。

行き詰まった香厳は潙山に答えを授けてくれるよう懇願します。しかし、潙山は拒絶するのです。どうにも答えを知るすべがない、という袋小路に入り込んだ香厳はどうしたか。

自分が学んだ仏典や書物をすべて捨てて、潙山のもとを去り、以前から敬愛してやまなかった慧忠《えちゅう》国師という別の禅師が眠る墓の近くに庵を結び、毎日墓に通って墓守りをして生きていく道を選んだのです。

その朝、香厳はいつものように墓の掃除をしていました。すると、箒《ほうき》がはねた小石が竹藪に飛び込んでいって、「カーン」という音を立てたのです。その音を聞いた途端、香厳に公案の答えが降りてきます。それは、香厳が大悟した瞬間でもありました。ちなみに、このエピソードが由来になっている言葉がこれです。

「香厳撃竹《きょうげんげきちく》」

この香厳撃竹には、待つことも重要であるという教えも含まれているのではないか、とわたしは考えています。答えを求めても得られないという状態は、思うようにいかないということでしょう。

そこでいくら考えを深めようとつとめたところで、堂々めぐりを繰り返すだけ。答えに行き着くことはないのです。香厳禅師は考えることをやめ、墓守りをすることに決めます。（墓の）掃除は禅のもっとも基本的な修行です。その基本に戻って「待つ」。それが、香厳禅師が選んだ道だったといっていいでしょう。

来る日も来る日も、倦《う》まず弛《たゆ》まず、掃除に全力でとり組む。これは、基本的な努力、精進を欠かさずにつづけるということです。原点に返って自分を磨く、自分を鍛える、といってもいいでしょう。

待つというのはそういうことです。何もせずにただ時間だけを費やすということではないのです。そういう待ち方をするから、答えが得られる。道が開けてくる。袋小路から抜け出すことができるのです。

日常的なことでいえば、たとえば、参加したいプロジェクトになかなか加えてもらえない、といったことがあると思います。そんなときに、参加させてもらうために、なりふりかまわずアピールしたり、必死で根まわしをしたりするのは、「答えを求めて考えの堂々めぐりに陥っている」ことと同じではないでしょうか。待てずにジタバタしているのです。

そうではなく、いったんプロジェクトへの参加ということを頭から切り放して、自分の基礎的な能力なり、知識なりに磨きをかけることにつとめる。原点に返って自分をもう一度鍛え直す。それが、待つということでしょう。

さあ、プロジェクト参加への声がかかるのはどちらでしょうか。答えは明らかではありませんか。ここは「ジタバタ」より、断然、「待ち」に分があります。

人生には攻めの局面もあれば、待ちの局面もあるのです。正しい待ち方をすれば、必ず、時機がやってきます。

孤独な時間をもつ

現代人、とりわけ若い世代は「群れたがる」傾向があるように思います。しかも、バーチャルな世界でさかんに群れている。典型的なのがＳＮＳ（ソーシャル・ネットワーキング・サービス）でしょう。

何人もの人がＬＩＮＥなどのＳＮＳ上で群れをなし（グループをつくり）、ひっきりなしにやりとりをしています。彼らがいちばん怖れているのが、群れからはぐれることなのです。そのため、届いたＬＩＮＥにはすぐさま返信するのが、グループ内の「不文律」になるなどしているわけでしょう。

既読スルーでもしようものなら、「あいつははずそう」ということになって、群れから弾き出されかねない。群れに居つづけるには、スマホを片時も放さず、即座の対応を心がけなければならないのです。

しかし、そのような群れは人間関係といえるのでしょうか。そこに本来の人と人との結びつきがあるのか。わたしはおおいに疑問をもっています。

たとえば、自分が人生の岐路ともいうべき状況に立っていて、何かアドバイスや意見が欲しいと考えたとき、それらを求める相手としてＬＩＮＥ仲間を選ぶでしょうか。ＬＩＮＥ仲間はその対象にはならないと思うのです。

ＬＩＮＥ仲間にはその程度の希薄なつながりしかありません。群れから弾き出されるのを怖がることはないのです。「はぐれたからといって、どうっていうことはない」。そう考えていればいいのではないかと思います。

いま大事なのは群れることではないでしょう。その逆。一人でいること、孤独な時間をもつことです。あなたはどのくらい一人でいる時間をもっていますか。ほとんどないというのが実情ではないでしょうか。

それが時代に、時間に、流されてしまって、自分を見失う要因になっています。なぜなら、自分としっかり向き合えるのは、一人でいる静かな孤独な時間だけだからです。

坐禅の「坐」という字は、「土」のうえに二人の「人」が乗っています。一人は本来の自分、もう一人は現実生活を送っている自分です。そこからわかるように、本来の自分といまの自分が向き合うのが坐禅なのです。

孤独な時間が大切なのは、その時間にこそ、坐禅と同じように、そういう向き合い方ができるからです。本来の自分と向き合いながら、その日の自分のふるまいや発言を振り返ってみる。それは、相手に十分な配慮をしたものだったか、相手を不快にさせたり、傷つけたりするものでなかったか、損得勘定がはたらいていなかったか……といった具合です。

そして、反省すべき点は反省し、翌日のふるまい、発言をあらためていく。そんな孤独な時間を重ねることで、人間性や器量が少しずつ大きくなっていくのです。

また、もう少し長いスパンで自分を見つめるのもいいでしょう。それまでの一年間を振り返って、

「去年は仕事についてこんなふうに考えていた。今年は幅をもって考えられるようになった気がする。少しは成長したかな」

そうした自己検証も孤独な時間にしかできません。誰にも邪魔されず、心を裸にし

て、自分と向き合い、自分を見つめ直す。静かに流れるそんな孤独の時間は自由で、豊かだと思いませんか。

もちろん、群れる時間があってもいいのです。ＬＩＮＥでたわいのない「話」をしたり、飲み会の相談をしたりするのが楽しいことはわかります。それは思う存分楽しんだらいいでしょう。しかし、そのことに時間を費やすあまり、孤独な時間を忘れてはいけない、と思うのです。

ときに孤独を友とす。それが人生の深みを増します。

未完成で、凸凹道を歩くのが人生である

人生はよくマラソンにたとえられます。しかし、決定的に違うところがあります。マラソンにはゴールがあり、人生にゴールはない、というのがそれ。マラソンのように完走することができないのが人生なのです。

それを示しているのが、禅僧が亡くなることをいう「遷化《せんげ》」という言葉です。一般に使われる「他界」「永眠」ではなく、この遷化を使うのは、禅の修行は死によって

終わることはない、修行人生に完成はない、と考えるからです。

遷化の「遷」は移すという意味です。また、「化」は教化《きょうけ》の意味で、教えによって導くこと、布教することです。この世での修行、布教が終わったら、あの世に場所を移して、修行、布教をつづけていく。どこまでいっても終わりがない、完成するということがないのです。

誰の人生も同じです。仕事をしている人は、いつかその場から退きます。その間、力を惜しむことなく注いできたし、目標にしていたことも達成した。そうであれば、仕事としては、一応、完成といういい方ができるかもしれません。

しかし、人生はその後もずっとつづいていきます。そこでどのような生き方をするかはさまざまです。趣味やスポーツをすることをメインにする人もいるでしょうし、ボランティアを生活の中心に据える人もいるでしょう。興味があったことを学ぶために教育機関に通う人、とにかく長閑《のどか》に暮らすという人……。それこそ十人十色です。

ただ、ひとついえるのは、どんな生き方をしたとしても、そこに完成はないということです。趣味のゴルフを心ゆくまでやったら、「うん、もうこれでゴルフは完成だな」ということになるでしょうか。答えは「ＮＯ」でしょう。

学びにも、長閑な暮らしにも、完成はありません。

人間関係でも、夫婦関係に「わたしたち夫婦はこれで完成だね」ということなどありませんし、親子関係にも、友人関係にも、完成はないのです。

しかし、未完成のなかに感動や喜び、楽しさやおもしろさを見出していくことはできます。そのためにクリアすべき条件は、たったひとつです。

「一生懸命、思う存分、やる」

たとえば、ボランティアで自分が住んでいる地域のガイドをやるとします。その際、地域の歴史や風習、伝統などを一生懸命学び、めぐるスポットを自分の足で思う存分に歩いて、本番に臨んだらどうでしょう。

たとえ、ガイド役としての技倆《ぎりょう》は拙《つたな》いものであっても、ガイドすることが楽しいし、おもしろくもある、と思いませんか。ガイドされる人（参加者）たちにも、熱気は伝わるはずです。そして、散会のときには、参加者たちが、口々に、

「素敵なガイドでした。とても楽しめました。ありがとうございます」

の声をかけてくれるに違いありません。この状況、喜び、感動をいただいた気持ちになりませんか。

長閑な暮らしも、一生懸命、思う存分、やったらいいのです。夫婦間も、親子間も、友人間も、一生懸命、思う存分、かかわったらいい。

そんなふうに、未完成な自分で、凸凹《でこぼこ》道（さまざまな状況）を歩いていく。それが人生だという気がするのです。

編集協力／岩下賢作
構成／コアワークス
（吉村貴・水沼昌子）

枡野俊明（ますのしゅんみょう）

1953年生まれ。曹洞宗徳雄山建功寺住職、庭園デザイナー、多摩美術大学環境デザイン学科教授。大学卒業後、大本山總持寺で修行。禅の思想と日本文化に根ざした「禅の庭」を創作する庭園デザイナーとして国内外で活躍。著書に、『心配事の９割は起こらない』（三笠書房）、『傷つきやすい人のための　図太くなれる禅思考』（文響社）、『禅、シンプル生活のすすめ』（知的生きかた文庫）など。

人生《じんせい》は凸凹《でこぼこ》だからおもしろい　逆境《ぎゃっきょう》を乗《の》り越《こ》えるための「禅《ぜん》」の作法《さほう》

2020年９月30日初版１刷発行

著　者 ―― 枡野俊明
発行者 ―― 田邉浩司
装　幀 ―― アラン・チャン
印刷所 ―― 堀内印刷
製本所 ―― 国宝社
発行所 ―― 株式会社光文社
東京都文京区音羽1-16-6（〒112-8011）
https://www.kobunsha.com/
電　話 ―― 編集部03（5395）8289　書籍販売部03（5395）8116
業務部03（5395）8125
メール ―― sinsyo@kobunsha.com

ISBN 978-4-334-04492-3

光文社新書

1081

新型コロナから見えた日本の弱点

国防としての感染症

村中璃子

世界の多くの国で、新興・再興感染症は国防の要である。WHOでの勤務経験を持つ医師・ジャーナリストが、新型ウイルスとの闘いを外交・国防、ビジネスの観点から捉え直し伝える。

978-4-334-04489-3

1082

「文」とは何か

愉しい日本語文法のはなし

橋本陽介

なぜ文法の授業はつまらないのか？ 本書は「文」とは何かというそもそもの話から論を起こす。誰もが退屈さを覚えた「文法」について、若き研究者がイメージを一新する。

978-4-334-04488-6

1083

面白いことは上司に黙ってやれ

日本発の新ビジネスを生み出すには？

春日知昭

日本で創造的なビジネスがうまくいかない理由とは？ ソニーでAIBOの開発などに携わったロボット開発者が、日本が世界で再び存在感を示すための考え方を記す。【松尾豊氏推薦！】

978-4-334-04490-9

1084

おとなの発達障害 診断・治療・支援の最前線

岩波明監修 小野和哉 林寧哲 柏淳ほか

ADHD、ASD、ADHDとASDの併存、発達障害と愛着障害との関連、二次障害、就職・仕事——臨床医・支援者が、最新の知見に基づき、皆さんの困りごとに答えます。

978-4-334-04491-6

1085

人生は凸凹《でこぼこ》だからおもしろい

逆境を乗り越えるための「禅」の作法

枡野俊明

人生には成功もあれば失敗もある。「凸（順境）凹（逆境）」が繰り返されることを受け止めよう。ベストセラー『心配事の9割は起こらない』の著者による、元気が出る人生論。

978-4-334-04492-3

光文社新書

1086
伝え方は「順番」がすべて
分単位のコミュニケーションが心を動かす

小沼竜太

圧倒的人気を誇るスマホ向けRPG「Fate/Grand Order」（通称FGO）ほか、数々の人気ゲームのプロモーションに携わる〝ゲームの宣伝屋〟が初めて明かす「伝え方」の極意。

978-4-334-04493-0

1087
恋愛学で読みとく　文豪の恋

森川友義

名だたる文豪たちが小説に描いた恋ははたして妥当なものなのか。恋愛学を提唱する著者が科学的に分析し、考察する。従来の文学研究にとらわれない、知的なエンターテインメント！

978-4-334-04494-7

1088
正義を振りかざす「極端な人」の正体

山口真一

SNSでの誹謗中傷、自粛警察、不謹慎狩り、悪質クレーマー――奴らは何者か？「炎上はマスメディアが生み出す」「SNSは世論を反映しない」等、データ分析から分かった真実。

978-4-334-04495-4

1089
太田和彦のふらり旅　新・居酒屋百選
名酒放浪編

太田和彦

BS11の人気番組が1冊に！　北は札幌から南は五島まで日本全国19の街の65軒を紹介。本書片手に旅するも良し、読んで思いを馳せるのもまた良し。写真満載のオールカラー版。

978-4-334-04496-1

1090
宇宙に行くことは地球を知ること
「宇宙新時代」を生きる

野口聡一　矢野顕子
取材・文　林公代

誰もが宇宙に行ける日が近づいている――。民間による「宇宙旅行時代の幕開け」という歴史的転換点を迎えた今、宇宙飛行士とミュージシャンが宇宙体験からスペースXまでを語る。

978-4-334-04497-8